シリーズ
平和をつくる
6

Angry Young Voters
アングリー ヤング ボーターズ
韓国 若者たちの戦略的選択

李泳采《イ・ヨンチェ》

梨の木舎

まえがき

「わたし投票に行くけど、一緒に行かない?」

2016年4月13日に行われた韓国の総選挙は、野党の分裂にもかかわらず、予想をくつがえし、与党の大敗北と野党勝利という結果をもたらした。20代と30代の積極的な投票参加がその原動力だった。

「わたし投票に行くけど、一緒に行かない?」

「投票してからデートしよう」

若者の投票参加を呼び掛ける選挙ポスターにはさまざまな面白い表現が登場した。また恋人同士で投票をしてから、投票ボックスの中にある選挙印を手の甲に押して自撮りをしてSNSに載せる。一般人だけでなく、有名芸能人やアイドルも選挙区の前で自撮りをして若者の選挙参加を呼びかける。その影響もあってか、若者の投票参加は以前の選挙に比べてはるかに増えた。

非正規雇用や高い失業率で苦しんでいる彼らは、政治的な無関心層や政治忌避層になりかねない側面もあった。だが若者は、「1票の権利」を諦めず、さまざまな方法で選挙に参加し、保守与党と朴槿恵政権に対する審判の途を選んだのである。

アングリーヤングボーターズ(Angry Young Voters)ともいわれる、彼らの戦略的な投票は、韓国の民主主義を再び軌道に戻した。1票は、政権には民衆の暴動よりも、銃弾よりも怖いものであった。

この本は、日本社会にあまり伝わっていない韓国の4・13有権者革命を伝えるものである。20代と30代はなぜ選挙反乱を起こしたのか、次の大統領は誰になるだろうか。今後韓国の民主主義は、どういう展望を描いていくだろうか。4・13総選挙の結果は、今後の韓国社会を分析していくのに重要な基盤になる。

本書はそれ以外にも、韓国社会を理解するためにいくつかの文章を掲載した。

1章では、1970年代に韓国民主化運動を月刊『世界』を通じて日本社会に伝えた「T・K生」池明観先生との共同講演会の記録を、主催者の了解をいただき掲載した。池明観先生の世代を引き継ぐ民主化後の韓国社会で生きる者としての民主化運動の立場を述べた。

3章では、韓国の進歩的な新聞『ハンギョレ』に連載していたコラムの一部をピックアップした。ネットを通じて日韓の出来事がリアルタイムで共有される今の時代、日韓の政治をどう関連して分析していくのか、その材料になることを願っている。

4章は、日韓国交正常化から50年を迎えた戦後韓国社会において、いわゆる「反日」という意識はどう形成されてきたのかを述べた。戦後、国家暴力に対する過去清算に向き合ってきた韓国社会と、過去を正当化してきた日本社会との認識のギャップの問題と、それを埋める日韓関係の重要性を訴えている。

本書が、現代韓国社会及び日韓関係の行方を把握するガイドブックになることを願っている。

2016年7月

李泳采

目次

3章 韓国の市民社会からみた日本の政治……97

――『ハンギョレ』連載「世界の窓」より

日韓首脳会談に介入しよう――２０１４年7月17日……104
靖国とセウォル号特別法――２０１４年8月10日……106
「ブラック社会」をつくるアベノミクス――２０１４年11月9日……108
日韓関係改善のゴールデンタイム――２０１５年1月4日……110
「私は李鶴来だ」―忘れられたＢＣ級戦犯、李鶴来氏最後の闘い――２０１５年2月2日……112
安倍の「オーダーメイド型右傾化」――２０１５年3月1日……114
福島第一原発被曝労働者たちの絶叫――２０１５年3月29日……116
象徴天皇制と平和主義――２０１５年4月26日……118

4章　韓国の「反日」は、なぜ今も続いているのか？……121
――日韓国交正常化50年をたどる

掲載誌一覧……141
あとがき……142

1章

「民主化」後を生きる者として

――「T・K生」と東アジアの状況について語る

ただ今ご紹介にあずかりましたイ・ヨンチェと申します。真ん中にヨンの字が入っているので、大学では「ヨン様」とよく呼ばれています。（笑）今日の主役は池明観先生ですので、あまりふざけないで話をさせていただきます。

私は１９９８年に初めて来日しました。今年で16年くらいになるでしょうか。東京都多摩市にある恵泉女学園大学に勤めて10年目になります。元朝鮮・韓国人ＢＣ級戦犯の問題を長年研究されてきた内海愛子先生の退任とともにその後任として採用されたので、戦後補償問題や日韓・日朝関係などを教えています。今日ここには池先生のお話をたくさん聞きたいと思っていらっしゃる方が多いと思いますので、自分の話は短くして池明観先生の話をできるだけ長く聞きたいと思います。

秋山さんに呼ばれて講師を引き受けたのですが、実際にはどういう話をしたらよいのか、なぜ私に依頼をしたのだろうか、と考えました。タイトルには「東アジアの状況について語る」と書いてありますが、著名な池先生の前に私のような若者が語るテーマとしては手に負えないものであることは、百も承知しております。今日は国際情勢の分析よりも、東アジアにおける日韓両国の市民社会の現状を共有するのが、議論の主な目的だと思います。そのために、私がどのように韓国民主化運動とその後の時代に関わってきたのか、私たちの世代は池先生の時代をどうみており、またそれを引き受けて、今の韓国市民社会の現状をどう分析しているのか、を中心に説明していきます。そのなかで、今後の東アジアの市民社会の連帯の展望を語ることができればと期待しております。

1　セウォル号沈没事件1年を迎えて

戦後韓国社会の構造的な問題の結晶体としてのセウォル号事故

レジュメのとおりに説明をさせていただきます。まず、現在、韓国社会で一番問題になっている争点からみてみましょう。昨年（**２０１４年）４月16日にセウォル号の沈没事件が発生**し、一年目を迎えました。救助を待っていた３００人に及ぶ高校生たちを冷たい海の中に置いたまま、生放送されるなか全国民が彼らを見殺しにしてしまった事件です。この事件は、戦後韓国社会の構造的な問題を考える上において非常に重要な事件であります。

事件発生から1年以上経ってますが、いまだに真相究明の作業は何も始まってない状態です。与野党がなんとか「真相究明委員会」設置に合意して、その作業を始めようとする矢先に、政府は新しい特別法を作って真相究明委員会の権限を削減し、委員会による真相究明の作業ができないように、まるで妨害するような法案を提出しております。これに対し、犠牲者の遺族たちは1週間前からソウルの真ん中にある市庁前広場で新法案廃棄を要求する座り込みを始めました。レジュメの下にある写真は、髪を切った遺族の母親たちが、政府の新法案反対と、委員会の権限強化による真相究明作業を始めるよう訴えている場面です。昨日はこれを支持する大規模な集会が予定されていたのですが、警察の阻止で集会は流れてしまいました。韓国社会は、この３００人の命を奪ったセウォル号沈没事件の真相を隠そうとする大きな勢力と、その真相を究明し、社会の構造的な問題を解決しようとする勢力の対立の局面を迎えているといえます。

セウォル号沈没事件については日本でもいろいろ報道されて、みなさんもさまざまな考えをお持ちであると思います。私からみれば、セウォル号事件には大きく**三つの韓国社会の構造的な問題が**あります。まず**一つ目に韓国社会の非正規雇用の問題**です。ＴＶでご覧になったと思いますが、事故直後、船長がすぐに逃げました。どういう状況でも許せない行為ですが、船長は非正規雇用で、この船の任務に就いたのは1週間前でした。逃げたというよりは、そもそも責任をとる構造になってない問題であります。

現在、韓国社会の大きな問題は、1997年経済危機以降、**新自由主義時代に起きている非正規雇用の増加による格差の問題**であります。1200万に及ぶ雇用人口の中で、4割近くが非正規職雇用になっています。例えば、私は恵泉の専任教員なので、大学で定員割れなどから財政危機が言われていたら、自分の身を犠牲にしながらも、その構造から脱皮するためにさまざまな努力を考えて動くわけであります。しかし時間講師の方は、定員割れになって担当科目がなくなったら、他のところを探すという発想になります。企業の中でも正社員とパートタイム労働者の間には責任の問題があります。まさに、船長の行為には、個人的な道徳性の欠如や非人間的な行動に対する批判のまえに、その非正規雇用における構造的な問題があるのです。

現在韓国では、**航空会社のパイロットの3割が非正規雇用**の状態であり、国民の生命を担当する公共交通機関の労働者も同じ割合になっております。若者の失業率や非正規雇用の割合はさらに高いです。韓国一の名門であるソウル大学の学生の正規職の就職率が5割程度で、卒業しても半分は正規の職には就けません。地方大学出身の学生はさらにひどくて、100人の中で1人しか、正規職につけない状態であります。これが2000年代の韓国社会が抱えている新自由主義時代の格差問題につながっているのです。セウォル号事件は、97年経済危機以降、約20年間、新自由主義政策による非正規雇用増加の構造的な問題が、そのまま露呈した事件であったともいえます。その20年間の最初10年は、金大中・盧武鉉に代表されるいわゆる民主化政権の時代でもありました。

二番目に、大人と国家責任の問題であります。約300人の学生は、船内放送で大人に動くなと言われて、ほとんど動かずに船内でそのまま待っていました。確かに、だれかが勝手に動いて無秩序で混乱が起きてしまうと救出作業が阻害されるので、動かないほうがよかったかもしれません。しかし動くなといわれた彼らは、韓国の警察や軍隊、救助隊のだれかが来て救ってくれるだろう、自分の親やあるいは大人のだれかが来てくれると信じていたから動かなかったのだと思います。しかし、だれも来てくれませんでした。結局、韓国の大人、公権力、そして国家システムのすべてが彼らを見捨てたことになります。自発的に動かなかった子どもたちへの受動的な教育の問題を指摘する声がありますが、それより、これは韓国という国全体のシステムの問題が問われる国家責任の問題になります。

三番目にセウォル号事件は、修学旅行の途中でおきた「交通事故」なのになぜ大騒ぎをするんだといい、**問題の本質を隠蔽しようとする勢力**があります。しかし、セウォル号の中にいた約300人の死の意味は、1980年5月光州虐殺事件のとき、最後に道庁に残って軍隊に抵抗していた市民軍300人の命と比較して考えることもできます。その人々の死の意味はなんだったのでしょうか。それは、当時、光州事件に現れた韓国社会の根本的な矛盾をその300人が背負って亡くなったということだと思います。このセウォル号事件の死者約300人は、今2000年代の韓国社会が持っている社会構造的な問題のすべてが凝縮された結晶体ではないでしょうか。

3・11とセウォル号の沈没がもたらした日韓市民連帯の課題

セウォル号沈没事件の背景には、韓国社会の構造的な問題があります。まず、朝鮮半島の構造的な問題としては、日本の35年間の植民地統治と解放、しかし、その直後に、植民地にした側の日本ではなく、**植民地にされた側が韓国・朝鮮民主主義人民共和国（以下北朝鮮）に分断されてしまった朝鮮半島の分断**の矛盾があります。また、その5年後、民族同士の戦争で**400万人が亡くなる朝鮮戦争**が勃発しました。なぜこの戦争が起ったのか、70年経ってもいまだにその理由が判明されずに、私たちは**南北体制の対立が続く冷戦構造の矛盾のなかで生きています**。

79年朴正熙大統領の18年間の独裁統治が終わった後、国民が待っていた「ソウルの春」はすぐに新軍部政権に潰されてしまい、それに抵抗する光州の市民は軍隊の銃剣により虐殺されました。その光州事件の真相――発砲の責任者など――と全貌が明らかになっていないまま、補償と記念事業だけが進められてきました。

今日、このセウォル号沈没事件は、一連の韓国社会の構造的な矛盾の延長線上にある問題として位置づける必要があります。植民地、分断、反共、国家暴力の問題に何十年以上も取り組んでいる国として、今後30年以上、50年以上真実究明のために闘っていく大きなテーマだという認識を共有しています。

昨日、セウォル号問題で連帯する多くの人々がソウルに集まりました。私を含めて40代以上の親の世代は、なぜこういうことが起るのか、とその責任を取らないといけない世代として、このセウォル号問題の解決まで一生連帯するという覚悟を決めた集会でした。まだ3年も経っていません。葬儀も終わっていないのに、政府は真相究明に協力するどころか、それを阻止する新法案を提出して、遺族たちが再び街頭で新法案撤廃を要求している状況であります。これは、1年前の船の沈没だけでなく、第2のセウォル号沈没事件が起っていることに等しい韓国の現状だと思います。

このセウォル号の問題を日本と照らし合わせてみますと、3・11は日本社会の構造的な問題の一つであると思います。セウォル号と3・11の問題は、戦後の日本と韓国社会が作ってきた国家機構が抱えている構造的な問題の代表的なものであると思います。日本と韓国は戦後どういう社会を作ってきたのでしょうか。大きくみれば植民地政策を通じて、日本の近代化のモデルが韓国に移植されたといえます。それゆえ日韓の間には産業構造も、労働方式も、国家システムも多くの共通点をみせています。たとえば、日本は明治維新以降、戦後の今までも、開発と近代化という名分で国民を動員しアジア地域へ進出し、また植民地政策の一環として多くのアジアの人々を動員してきました。いまなお私たちは経済成長だけを夢見ながら突っ走っている社会構造の中に置かれています。韓国では、日本軍出身で日本の教育を受けた朴正熙大統領が、いわゆる維新体制を作りだし、近代化の名の下、開発と大衆動員を国家運営の主軸としました。しかし、この国家動員システムは、国が危機になれば、いつでも動員されていた国民を捨ててしまう構造をもっています。日本国家は満州などで国民を捨てました。3・11の危機的な状況でも住民を捨てました。韓国でも朝鮮戦争の危機のとき、李承晩大統領は国民を置き去りにしたまま逃げていましたし、セウォル号事件でも国民を見殺しにしたまま、国家権力を守ろうとしています。日韓とも戦後「棄民国家」をつくってきたといえると思います。

国によって捨てられた人々だからこそ、日本と韓国の市民社会は、3・11とセウォル号事件の問題でお互いに連帯すべきではないでしょうか。ところが、お互いにこの問題で、相互憎悪の感情を深めているのが現状であります。これは、開発動員体制と棄民国家という間違った国づくりをおこなってきた人々が自分たちの責任を認めず、ナショナリズムを煽りながら国家間を対立させて権力を維持しようとしている構造にその問題があるのではないでしょうか。

いまの東アジアは、日韓の市民連帯で新しい方向の国のあり方を作るべきなのか、このままお互いを憎み続けながらもう一つの戦争の時代を迎えるべきなのか、そういう局面に立たされているのが、日韓市民社会と東アジアの現状だと考えております。

2 民主化後の民主化時代を生きる人々

民主化後の学生運動世代の悲しみ

次に、池先生の民主化闘争の時代を継承しながら、民主化後、私たちの世代はどういう経験をたどってきたのかを考えてみます。私は全羅南道出身です。韓国では差別される地域だとよくいわれています。元朝鮮・韓国人BC級戦犯、李鶴来《イハンネ》さんという方がいらっしゃいますが、1週間前に朝鮮・韓国人BC級戦犯の「同進会」が結成60周年を迎えて国会で集会を開いておられました。李さんは、私と同じ全羅南道の宝城《ポソン》です。

戦前から貧しい地域で、李さんもそれが原因で捕虜を管理する軍属に志願しました。元ＢＣ級戦犯の李鶴来さんをみるときに、時代が違えば、私がこの李鶴来さんになっていたかもしれない、といつも思うのです。

私は筏橋《ボルギョ》という地域にも住みました。筏橋といえば韓国ではヤクザの町としてよく知られています。実際に選挙などで政治的な利害が衝突するとき、暴力組織同士の殺害事件などが起こっていました。しかし、この街は朝鮮戦争前後、小作農民が共産主義運動と連係して、パルチザン闘争をおこなった場所でもあります。貧困が暴力につながった地域だったと思います。

小学3年生の時、大都市光州《クワンジュ》に転校したのですが、その年が80年5月光州虐殺事件の起きた年です。記憶にはあまりないのですが、家が道庁と近い全南女子高校のすぐ隣だったので、銃声などはよく聞こえました。私が見ただけでもいくつもの遺体があり、私の叔父は大学生だったので、夜中に山を越えて田舎の親戚の家に逃げていました。しかし、私はこの光州事件のことを大学生になるまであまり認識していませんでした。高校生の時のある日、大学生たちが光州虐殺事件の写真展を開いていたと思うのですが、そこを通るときに、この企画をした大学生たちが警察に殴られ、血を流しながら連行されていったことに恐怖心を覚えたものの、それがどういう写真展だったか、当時はわかりませんでした。

大学生になって、私は政治学を専攻しましたが、初めて先輩から光州事件のことを教えてもらいました。

先輩から教えてもらった光州事件の真相は、外で口にしてはいけない、写真などは見てはいけない事件、だれが聞いても記憶してはいけない事件というイメージでした。しかし、その事件が自分が生まれて育った地域のことだったので、受けたショックはいまだに忘れられません。１９８７年6月、韓国は民主化運動の絶頂期になるのですが、私は高校1年生でした。毎日催涙ガスのせいで涙を流しながら学校に通い、試験の前日は部屋まで入ってくる催涙ガスの匂いを防ぐためにタオルや靴下などをドアや窓の隙間に詰め込んだりした記憶があります。当時はデモの理由がわからなかったので、学生のデモでバスが進まなくて遅刻になったり、道路に散らばっている石のかけらを見ながら、大学生のデモは迷惑だと思ったりしました。１９８９年になると私は高３で、日本では日教組にあたりますが、韓国で初めて全国教職員組合（全教組）運動が起きます。当時韓国では、教員や公務員の組合結成は許可されなかったので、多くの先生たちが解雇されました。自分たちの先生を守るために高校生たちが全国で立ち上がりました。特に、光州は政治意識が高い地域であったからかもしれませんが、全国高校生運動の中心地でした。日本の高校全共闘のような活動だと思えばいいと思います。

私が学生運動に関わったのは、そのときが初めてです。友人は光州地域高校生協議会の委員長だったのですが、彼が運動の最中でみえなくなり、しばらくして帰ってきました。大学に入ったあとでわかりましたが、彼は拷問を受けていたのです。後に精神病を患い、自殺しています。私は高校３年のとき、政治活動の影響もあり、浪人生活をして翌年大学に入学しました。

私たちの世代には、高校３年のときにこの全教組運動に関わったことで浪人した人が多くいます。大学に入ったのは１９９１年でした。その年の４月26日、４・19学生革命を記念する学生集会がソウル市内で開催されたとき、明知大学の新入生・姜慶大《カンギョンデ》という学生が警察官に鉄のパイプで殴られて死亡する事件が起きました。**その事件の後、４月26日から５月31日の１カ月の間に、ほぼ３日に一人ずつ大学生が焼身自殺をし続け、12人が死亡する悲劇的な事件が起きました。**なぜこの時期に大学生たちがこれほど焼身自殺をしたのか、私の人生においていまだに解けない問題でもあります。

91年という時代背景を考えてみれば、世界的な冷戦は崩壊したが、韓国では１９８７年６月の民主化運動にもかかわらず、軍事政権が延長されていました。社会主義が崩壊して未来の展望がみえない時代に多くの活動家たちは体制側に転向しました。学生運動の先輩たちはほとんど現実を悲観して、運動から離れて軍隊に入隊して行きました。この時代に起きた大学１年生の姜慶大の死を、場合によっては学生運動陣営は彼の死を以って時代を突破したい、死を以って何か社会変革を考えた人々がいたかもしれません。特に1年生の純粋な死というものは、桜の花びらみたいに人々に訴えるものを持っていたと思います。

私たちは昼に集会に参加しながら夜中に独りになると、もし、翌日に誰かが焼身自殺をしていなければ自分が自殺しないといけないという恐怖感の中で、実際遺書を持ち歩いてました。夜になると怖くて朝まで先輩たちと酒を飲みながら過ごし、翌日講義に出席していたような気がします。ついに、私にも出番が来たかと思うわけですが、1週間焼身自殺がなかったときに、死の恐怖とプレッシャーが襲ってきました。

自分が経験していたその夜のことは、今でもトラウマになっています。遺書を書いて、ひとりで沈黙していた時期でしたが、私はやり切れませんでした。なぜやり切れなかったのか、勇気がなかったのか、卑怯だったのか、あるいは恋人を作って結婚して生活する普通の生き方への強い未練の気持ちがあったのか、わかりません。とりあえず私は生き延びました。その負い目が自分の中にはいまなおずっとあります。

一方、私の友人は焼身自殺をしました。私はＩＳ（イスラム国家）をみたり、パレスチナ自爆テロをみたりしていると、その人間爆弾を実行する前夜の彼らがどういうことを考えていたのだろうか、と思い、いつも感情移入してしまいます。単なる一つのテロ事件とは思っていません。

91年5月31日、日本でも有名な詩人・金芝河《キムジハ》さんが「死の祭りを片付けなさい」という文章を保守メディアの『朝鮮日報』に掲載しました。その影響で彼らの死は、無駄な死のようになってしまいました。韓国社会で70年代の民主化運動闘士としての金芝河さんに対する幻想がこの時期に終わったと思います。その当時、死の連鎖を止めるべきであったことは確かでありましたが、彼らの死を犠牲の死として理解していく必要もあると思います。今日述べた内容の一部に当たりますが、高橋哲哉さん・村井吉敬さん（故人）との共著『犠牲の死を問う』（梨の木舎、２０１３年）に少しそういう内容を書いています。

１９９４年に私は大学の自治会委員長となり、また全国学生運動団体の委員長としても活動してました。

その年の5月、韓国労働運動史上初めてとなる地下鉄労働組合のストライキが発生し、それに連帯したことで警察に手配されて1年くらい逃げまわりました。その後、手配が解除されたので軍隊に入ることを決めて、入隊をしました。当時の韓国では学生運動家が軍隊に入ると、総選挙や大統領選挙のときに、軍隊の中からアカや北朝鮮関連の組織事件をでっち上げて、選挙結果に影響を及ぼすことがたびたびありました。一般社会の中で社会主義者が逮捕されることと、軍隊の中で社会主義組織活動のメンバーが逮捕されることとは質が違うのです。韓国人の心理の中に、軍隊の中までアカで染まっていることになるとその危機感は常識以上の反応として現れます。案の定、私が軍隊にいる時期に、学生運動のときに知り合いになった仲間を含めて17人が社会主義学生事件のメンバーとして逮捕されました。私は軍隊のなかでは一番嫌われる憲兵隊の捜査兵であり、自分の過去の学生運動家の経歴が明かされると38度線付近の地雷畑に送られるだろうと、毎日が恐怖と緊張の連続でした。ところが、私が憲兵隊にいたことで、その事件から名前がはずされていたそうで、投獄を免れることができました。人間の運命ってこんなふうにして変わるんだと実感しました。

日本で出会った日韓市民連帯運動

１９９７年8月、軍隊から戻ってきたその年、大学を卒業しました。だが、私たちの世代は不幸だったのか、12月に韓国がＩＭＦ経済危機に陥ったせいで、ほとんど仕事に就けませんでした。そのとき私は初めて海外に留学を決めて、98年日本に来ました。留学の直前、12月の選挙で韓国政治は初めて野党に政権が交替して金大中政権が登場しました。金大中政権は光州出身者の人材を育てたかったそうで、私も大学総長の推薦で大統領府の秘書室にまで誘われたのですが、それを断って日本に来ました。多くの先輩たちがこの時期に学生運動をしたキャリアを持って国会議員の秘書になり、今、国会議員をしている学生運動出身の先輩たちも結構います。

２０００年南北首脳会談、２００２年には日韓共催のサッカー・ワールドカップがありました。このころ、アジア太平洋資料センター（ＰＡＲＣ）という、アジアと日本をつなぐ市民団体の事務局で仕事を始めました。ＰＡＲＣは「べ平連」の運動を引き継いでおり、多くの市民運動の資料を持っていました。私の主な仕事は、ＰＡＲＣ30年の資料をデジタル化してアーカイブを作ることでした。

そのときに見た資料の中に「**ＡＭＰＯ**」という英語の雑誌がありました。ＡＭＰＯは日本やアジアで起きていたさまざまな事件を英語で世界に拡げていました。今日参加予定だった武藤一羊さんが編集長でした。その「ＡＭＰＯ」の81年５月号を見た時に私は大変ショックを受けました。81年５月号の第１面は光州虐殺事件の写真でした。１面から最後の頁までほとんど光州の特集でした。私が光州のことを知ったのは大学生になってからが初めてだったのに、日本ではそれを81年５月号に英語化して生々しい写真を載せて世界に知らせていました。以前、武藤さんをインタビューしたとき、同僚の加地永都子さん（１９３８〜２００９）を光州まで送りこんで記事を書かせて載せたとおっしゃっていました。

私はこの「ＡＭＰＯ」81年５月号をみながらずっと泣き続けました。私は、韓国の民主化というものは私たちが闘って、私たちの力で勝ち取ったものだと思い込んでいました。韓国の民主主義は、学生たちが焼身自殺をして、その犠牲を払って、手に入れた直接民主主義だと思っていました。ところが、私がみた81年５月号「ＡＭＰＯ」は、まさに日本の皆さんとの連帯の上で光州での虐殺が止まり、その上に韓国の民主化が達成されたことに気づき、ショックを受けたのです。

私はいま全国のあちこちにある小さいグループ、あまりたくさんはお金をくれない所にも講演に行っています。それは、日本のみなさんの韓国民主化運動への連帯に対するお礼をしたくて行っているのです。（笑）

今日、私のようなものが池明観先生の前で話す資格はないと思うのですが、私が講演を引き受けた理由は、池明観先生のＴ・Ｋ生とともに皆さんがなさってくださった支援運動によって実際に私が虐殺の中から生き延びたという思いがあるからです。本当にありがとうございました。

池明観先生と皆さんの役割というものは、韓国の民主化は海外からの支援がなにより大きかったですし、その時代の日韓連帯は、保守政治だけではなくて、見えない連帯のネットワークが東アジアのもう一つの歴史として存在していたことを意味します。東アジアでは1930年代のコミンテルンの方針によって1国1党主義をとっており、中国に行っている韓国人が中国共産党に入り、日本にいた在日朝鮮人も日本共産党に所属するようになりました。このように朝鮮戦争の前までは東アジアには国際連帯運動が存在していました。

朝鮮戦争が東アジアに及ぼした影響はいろいろあるのですが、なによりこの朝鮮戦争によって東アジアの社会主義・共産主義運動のネットワークが全部壊れました。**1955年朝鮮総連の結成**は、日本共産党からすべての在日朝鮮人が脱党し、日本の国内問題には不干渉の立場をとり、祖国・北朝鮮の朝鮮労働党の指導をうけることを意味しています。中国共産党、日本共産党、朝鮮労働党はこれをもって、プロレタリア国際連帯ではなくて、1国革命の道に進むことになります。

東アジアの民衆連帯、これが復活したのは1973年、T・K生で代表される「韓国からの通信」であります。それは、T・K生とともに動いた蟻のような民衆連帯の人々のネットワークによって成し遂げられた出来事でもあります。このネットワークは87年6月民主化大宣言のときにも存在感をアピールし、90年まで維持されました。その意味でこのT・K生ネットワークこそ、まさに復活したプロレタリア連帯主義でもあり、真の日韓市民連帯ではなかったのかと思います。

3　揺れる東アジアと「リベラル派」の敗北の時代

つぎに、今現在の東アジアの情勢をどうみるのか、について述べてみましょう。冷戦終結後、**1990年**

から2000年代の東アジアの一番の特徴としては、中国の急激な台頭だと思います。従来東アジアでこれに対抗する勢力は日本だったのですが、近来の日本は以前と比べて経済も政治力も非常に弱体化しているので、このバランスが崩れていきました。結局、それに対してアメリカがアジアにリターンして日本を補い、日米同盟を強化した形で中国をどう封鎖してゆくのかというのが、今の東アジアの一つの情勢の構図であります。

アメリカと韓国も同盟の関係にあるのですが、朴槿恵《パククネ》大統領とオバマ大統領の首脳会談の合意文書をみると、軍事同盟強化の側面はあまり目立ちません。逆に経済協力の強化、要するに経済戦略という名の下に、アメリカは韓国側にODA分野および国際協力分野においてアメリカをサポートすることを要求しています。

一方、日本はアメリカとの軍事同盟を強化していく方向に傾いています。多分日本が今恐れているのは、韓国と中国の連携による日本の孤立だと思います。日本では韓国の中国傾斜論があります。韓国は中国に対する経済依存度が年々高くなっているので中国との協力は重要ですが、実際には韓国と中国の経済規模も、政治体制も違います。日本の安倍政権の歴史認識の問題が、逆に中国と韓国をお互いに連携させている構図になっているのではないでしょうか。

安倍政権は極右に近い保守政権だといわれています。戦後日本は一貫して保守の道を歩んできたので特別に驚くことではありません。しかし、安倍政権の右傾化には以前の保守政権とは違う特徴がみられます。今まで日本の保守政権は国内での保守政策を実施してきましたが、対外政策においては「近隣条項」を認めるなど周辺国への配慮を怠たりませんでした。しかし安倍政権は、国内における右傾化だけでなく、その路線を対外政策にも全面に打ち出して周辺国との関係を悪化させているのです。それが、アジアにおける日本の孤立の拡大と日米軍事協力の強化の方向に向かわせているのだと思います。

ところが、ここで注目すべきことは、**東アジアの国々で登場している保守政権の特徴**であります。日本でなぜ安倍政権が登場したのか。一ついえるのは、2009年民主党政権の失敗が一番大きな原因だと思います。リベラル派といえる民主党政権の失敗は次の政権交替の可能性を見いだすことなく、保守右派の登場を許してしまったのではないでしょうか。

韓国も状況は似ています。韓国では80年代後半から民主化運動の影響で、軍事政権の影響が弱くなり、98年以降には金大中、盧武鉉大統領に代表される、いわゆる民主化政権というリベラル政権が登場しました。しかしこの民主化政権10年の間、国内の民主主義の問題と南北の統一問題は進んだものの、経済的には格差が広がってしまいました。経済政策の失敗は保守政権の再登場を招き、ほぼ10年を迎えようとしております。韓国リベラル派の敗北の時代であります。

それは台湾でも、民進党の改革派の失敗により、国民党の時代に戻っており、また中国でも、改革派より保守派の2世が権力を握っている状態であります。北朝鮮は特別な体制だといわれていますが、状況はそれほど大きな違いはありません。北朝鮮の体制の中で、保守派は金日成の血を継承している「白頭血統」の指導者グループと、軍部勢力であります。もし北朝鮮でもリベラル派（改革穏健派）が存在するとしたら、それは金日成の白頭血統でもなく、軍部勢力でもなく、経済閣僚出身で指導部のなかで非主流の張成沢のような勢力だといえます。しかし、白頭血統の金正恩による叔父・張成沢の粛清は、北朝鮮式のリベラル派の改革が失敗し、北朝鮮も保守源流に権力が戻ってしまった状況が今の現実だと思います。

これらを見ると、東アジアは戦後、保守派の統治が終わり、リベラル派による民主改革の時代がありましたが、その失敗で、**再び保守源流の時代に戻っている**状況にあるといえます。再び権力に戻った保守源流勢力は、日本でも韓国でもオルタナティブな政治をする実力がないにもかかわらず、失われていた自分たちの正統性を取り戻すために非民主的で国家暴力・強圧を以って一方的な独裁政治を実施しているのです。

このような独裁政治に歯止めをかけるのが、リベラル勢力や革新勢力に代表される野党ですが、今はその野党勢力が分裂や弱体化などにより、保守勢力の暴走を許してしまっている状況ではないでしょうか。今の東アジアの国々で、このような**独裁政治の暴走に唯一歯止めをかける勢力があるとすれば、それは市民**だと思います。日韓の市民連帯がここで歯止めをかけないと、あるいは最低限、韓国と日本で今の保守政権を選挙で政権交替という形で阻止しない限り、私たちは、彼らの保守ナショナリズムに乗せられて、武力衝突の暗い時代を迎えることになってしまうのではないでしょうか。今の東アジアがどこに向かっているのかを考えるのに、一つの情勢分析として共有しておきたいと思います。

4　日韓連帯運動の今とこれから

日本のアジア連帯運動の変化

最後に、日韓連帯運動の現状と課題についてみてみましょう。98年に来日して以来、私は多くの日韓関連活動にかかわってきました。労働組合、NGO団体、国際会議、研究会などに参加し、日韓民衆連帯、東アジア4地域（沖縄、日本、台湾、韓国）キャンドル行動などの事務局をやってきました。そして、日本の一般市民と自主的な勉強グループ「KAJA」**(Korea And Japan Alternative group)** という団体をつくって日韓を往来しながら市民交流活動もしております。KAJAは毎月勉強会をして、毎年3月に韓国平和ツアーを行います。韓国の平沢米軍基地、光州国立墓地、中国の延辺自治州、台湾、ベトナムなど韓国と関連する地域のフィールドを歩いてきました。みなさん最初はペ・ヨンジュンから始まりましたが、今は私の「ヨン様」の会になって、さまざまな日韓の企画に参加し一緒に連帯運動をしています。（笑）現在約40人の会員がおります。

市民社会の視点から日韓連帯運動の現状と課題を取り上げてみましょう。私が所属していたPARC（アジア太平洋資料センター）という団体はアジアの民主化運動を支援してきたので、重要な局面ごとに声明文などを出していました。韓国では1987年に民主化運動が起き、その影響で労働運動の現場では、御用組合から民主的な労働組合に代わり、全国的なナショナルセンターの設立運動も起きます。そのうねりで**1990年に民主的な労働組合の全国組織「全労協（=全国労働組合協議会）」**という団体が結成されますが、韓国政府は不法団体とみなして、弾圧を始めます。

現在韓国の労働組合を代表する**「民主労総（=全国民主労働組合総連盟）」**の前身である「全労協」の結成は、韓国民主化運動における画期的な成果です。その重要な局面は日本の市民社会でも理解されており、日本の全労協、全労連がお祝いの声明文を出しています。そして、市民団体としては、PARCも当時お祝いと連帯の声明文を出していました。ところが、冷戦終結以降の1990年代から2000年代になると、日本で韓国の社会運動に対する連帯声明文をみることがあまりできません。要するに、日本社会は韓国の民主化運動までの支援運動はあったかもしれないけれど、民主化以降の韓国社会への関心は低くなっていたことを意味します。私はこれを日本人の韓国社会に対する認識が**「韓国の民主化運動で止まっている」**と言っています。

ところが、日本のアジアに対する認識および連帯の限界は、韓国だけではありません。PARCに所属していた多くの方々が、インドネシア共産党への虐殺事件である**9・30事件**や、**フィリピン共産党への弾圧**などアジアのさまざまな抵抗運動に連帯してきました。しかし、80年代後半、アジアの各国の民主化の時代になると、その後、日本のアジアへの連帯は低下しています。もちろんアジアの国々は市民社会の力で自立できる時代になってきたので、逆に日本市民社会の関心が薄くなったのだといえるかもしれません。また、80年代後半になると、日本は総評が連合に変わり、革新系がどんどん分裂して弱体化していき、日本社会は保守の時代に入ります。その時代的な非対称性により、アジアの市民社会と日本の市民社会の間には認識のギャップが生まれてきたのではないかと思います。

一方、**２０００年代**になりますと、再び日韓市民社会の連帯運動が活発になってきますが、それは主に各部門運動の連携によるものであります。たとえば、**反基地運動**、**環境問題**、そして最近は**若者の貧困問題**などの連携もありますし、**脱原発運動**の交流もあります。こういう日韓相互の部門運動のなかでもっとも密接な分野といえば、それは日本軍「慰安婦」問題、歴史教科書採択阻止運動などです。このように、２０００年代以降の日韓関係は各部門運動の連帯は広がっておりますが、各地域の革新的な活動家ネットワークといいますか、時代を率いてゆく若者たちのネットワークというものはあまり感じられない時代であります。それは「Ｔ・Ｋ生」が存在した時代にあった日韓の知識人や社会活動家のネットワークと比べると、非常に弱くなっている気がします。

２０００年代半ばになりますと、部門団体や市民運動団体の連帯よりも、韓流俳優の影響もあり、一般市民、学生などが自発的に韓国・日本の両社会を勉強し、往来する時代になっていったと思います。韓流・日流の影響が広がるなか、日韓の経済、文化、スポーツの連携も密接になりました。**２００４年以降、日本から韓国に移動する人は１日６０００人、韓国から日本に移動する人が１日３０００人**、あわせて１日に約１万人が往来しています。２００４年から09年の間、年間約３６５万～５００万の人々が移動しました。

２０１０年～15年になると、一時期のバブルは崩壊して、日韓の間には年間約３００万人レベルで交流が持続されています。李明博《イミョンバク》大統領が２０１２年独島（竹島）を訪問しました。そのことで日本人の韓国社会への親密度は２０１０年の70％から、15％にまで落ちています。しかしそれでも、日韓の間における人の交流はいまも約３００万人を維持しています。２００５年からみても、10年間で約３０００万の人々の交流があったことは無視できない市民の力です。

２０１５年は日韓国交正常化50年であり、日韓の私たちは50年間も付き合ってきました。そして、約３０００万の人々の交流があり、有名俳優を追いかけて日韓を往来している若者も大量に増えております。

このような日韓社会の交流があったにもかかわらず、今私たちの目の前にある日韓両国は、真の友人関係になっていると思われますか？　両国は50年間も付き合ってきたものの、両国の市民社会が本音を相互に共有したことはなかったと私は思います。私には、日韓は仲良くなりましょう、という抽象的な言葉よりも、真の友人になるために解決していくべき具体的な課題を認識するのが重要だと思います。

日韓連帯運動の課題は？

では実際に日韓の間にはどういう課題があるのかを述べていきます。

第一に、政治信頼関係構築のための努力が必要であります。日韓の間には、民間レベルでは密接な交流が進んでいますが、最も弱いのが政治家たちの連携であります。日本では戦後世代が政治家になり、政治意識的にも保守的な国会議員が多いです。韓国では、逆に民主化を担った世代、いわゆる３８６世代（90年代当時30代で、60年代生まれ、80年代に大学生、現在は40代後半から50代半ば）が国会議員になっています。その両方に歴史認識のギャップが大きいのです。日韓議員連盟でも日韓問題に対する意見衝突は、このような時代意識の反映です。従来の日韓議員連盟は、日韓保守派のネットワークとして日韓関係をたばねてきた存在でありました。

戦後日韓関係の課題を理解するために簡単に申し上げたいのですが、戦後日韓関係にはおおむね三つの転換期がありました。１９４５年8月15日をもって、朝鮮半島と日本は35年間の植民地時代が終わり、二つの独立国家に分離されました。いわゆる⑴**１９４５年8月体制**です。しかしその後20年間、日韓関係は人々が国境をこえての移動ができない関係でした。１９６５年になってようやく日韓国交が正常化されました。ところが、日本は当時朝鮮半島に韓国・北朝鮮という二つの国があったにもかかわらず、韓国だけを選択して、植民地支配問題は曖昧にしたまま、経済協力方式で国交正常化を行いました。これがいわゆる⑵**65年体制**です。なぜこういう動きになったのか。それはまさにアメリカの東アジア戦略により、韓国は反共政策の最前線として、日本はそれを後方支援する基地として位置づけられるという戦後の安全保障の基本構造が存在しているからです。たとえば韓国の場合、戦争のとき軍隊を統率できる戦時作戦権はいまだにアメリカが持っている状況です。日本には従来後方基地として支援してもらいましたが、今後は集団的自衛権を容認して、アメリカの指揮の下、日本と韓国が同時作戦をおこなう緊密な関係を要求していることだと思います。

三つ目の転換期は、98年に金大中大統領と小渕首相の間で結ばれた**「21世紀日韓パートナーシップ宣言」による、⑶文化交流の時代**であります。日韓の間の歴史問題を棚上げにして、韓流・日流という文化交流体制で10年以上交流してきました。この98年体制の特徴は何でしょうか。65年体制、そして80年代半ば、日本は韓国に2段階に分けて経済支援をおこないました。それは先進国の日本が開発途上国の韓国に資金や物を提供する一方的な支援であり、平等な日韓関係ではありませんでした。ところが、98年のパートナーシップ宣言は、日韓関係を、実質的な平等関係までにはいたらないが、ある程度のパートナーとしてお互いに認め合う関係に転換させようとした宣言でした。

それではこの10年間、あるいは日韓国交正常化50年を迎えた今日、日韓関係は相互を平等に認めるようになったでしょうか。例えば、２０００年代に入って、韓国はサムスンがソニーを凌ぎ、現代自動車はトヨタ自動車と競争できる時代になりました。韓国は、昔のように日本が一方的に支援する、あるいは日本の政策や制度に従う国ではないのが現状です。日韓の最近の葛藤と対立にはこのような韓国の経済および政治の成長と、それに戸惑う日本社会のゆれる多様な反応の影響もあると思います。

また、韓国の中で日本の過去の歴史を含めて心から日本を受け入れる姿勢になっているのか。この歴史問題は、日韓の平等な関係をつくることにおいて重要な課題だと思います。戦後、日韓両国はアメリカの東アジア戦略のなかで、65年は歴史問題を棚上げにして経済協力体制を打ち出しました。98年も歴史問題を棚上げにしたまま文化交流体制を生み出しました。しかし98年体制以降10年、65年体制以降50年経った今なお、日韓関係には日本軍慰安婦問題を含めて歴史問題が大きな障害になっているのが現状です。今後日韓における実質的で平等なパートナーシップを実現するために、歴史問題はこれ以上棚上げにして避けては通れない問題になっていることを認識する必要があります。

なお、アメリカや中国、そして北朝鮮との関係を日韓両国はどう対処していくべきなのか、などの課題もあるのですが、時間がないので省略させていただきます。

第二に、日韓市民連帯運動の継承と記録の課題であります。日韓関係は、両国政府の保守化の時代に、前述した課題を解決していくことにおいて市民社会の世論と連帯は、とても重要な影響力を及ぼすものになります。それに関係して、戦後日韓連帯運動のさまざまな歴史をどういう形で記憶し継承していくのかも重要な課題であります。池明観先生が現在91歳、私が44歳、約50年の差があります。私は池先生とは今日初めてお会いしたのですが、こういう世代間の継承をどうしてゆくのかも大事だと思います。

たとえば、戦後日本の社会運動の記録に関しては、ＰＡＲＣやＰＰ研（People's Plan 研究所）を中心に国際連帯運動の聞き取り作業と記録作成をおこなっています。日本では和田春樹先生を中心にして金大中記念館に金大中救命運動の記録を整理している動きもあります。日本社会の光州民主化運動への連帯は、光州5・18財団に日本や海外からの連帯運動の資料が集められています。ところが、このような記録作業のなかから漏れた、重要な日韓連帯運動の歴史はまだまだあります。たとえば、私は昨年（２０１５年）12月に、恵泉女学園大学の元学長の荒井献先生が韓国の韓信大学でおこなう講演会に通訳などで同行しました。「荒井献」という名は「民衆神学の父」という形で韓国の教会関係者に知られていました。地方から多くの方々が荒井先生に会いにいらしたり、神学専門の研究者、教授、学生らが集まったりして、「民衆神学」に対する高い関心を感じることができました。

その時、ひとつ驚いたのは、南部地方の全南《チョンナム》大学からいらした先生が、70年代に西ドイツのベルリンで荒井献先生を中心に、日本と韓国のキリスト教学生たちが連盟を作って毎月勉強会をしていたことを語ってくれたことでした。韓国の民主化運動には日本のキリスト教関係者による支援活動が重要な役割を果たしていたことは、T・K生の池明観先生をはじめみなさんのほうが詳しいと思います。日韓関係を繋いだ民衆神学が、西ヨーロッパから東アジアを繋げていたことは重要な歴史だと思います。私たちは日韓関係をみる時、政治・経済を中心にみる傾向がありますが、それだけでは本質がみえない側面が多くあります。靖国問題をみる時、主に歴史問題として取り上げますが、この問題は宗教的で思想の側面もあります。日韓関係がどういう関係だったのかを考えるとき、宗教的な側面も入れて、そこに中国も視野に入れることで、東アジアにおいて宗教の連帯とはなんであったのか、という視点が生まれると思います。そういう側面から、この場に参加している宗教関係のみなさんの日韓連帯の記憶と記録が大事だと思っております。

第三に、若者による新しいアジア・ネットワークの構築の必要性です。私は何回も韓国の呉在植《オジェシク》（１９３３～２０１３年）先生にお会いしました。この富坂センターでも呉先生のお話があったと思いますが、恵泉女学園大学は韓国の聖公会大学と姉妹校で、呉先生がその大学でも教えていらしたとき、お話を伺ったことがありました。呉先生はいつも「アジアは現場だ」と語っておられました。これは、私たちがアジアとどう向き合うのかを教えてくれる言葉だと思います。呉先生は、「アジア教育院」を設立して、そこで、アジアの格差問題に韓国がどう向き合うかなどを教えていました。

最近まで聖公会大学にはＡＲＥＮＡ（Asian Regional Exchange for New Alternatives）という東アジア地域活動家ネットワークの事務局が置かれてました。インド、フィリピン、インドネシア、韓国、日本の主な活動家がメンバーになっています。日本では武者小路公秀先生、村井吉敬先生（故人）、韓国では呉先生などアジアを視野にいれた各国の方々を中心にＡＲＥＮＡというネットワークを通じて、東アジアの民主化支援のために活動をしてきました。1970年代から活動し、事務局は香港にありましたが、香港の中国復帰による厳しい局面もあり、2000年代に韓国の聖公会大学に移転しました。

現在聖公会大学大学院にはこのARENAのサポートを受けて、アジア各国の市民団体から活動家たちを推薦してもらい、1年間の「MAINS」というアジア市民社会指導者育成課程を運営しております。呉先生もその創立メンバーであります。また、聖公会大学、私が勤めている恵泉女学園大学、そして台湾の民主化運動のなかで成長した世新大学の3つの大学は、アジアの市民団体を含めてアジア市民教育ネットワーク構想（CENA）を立ち上げて、毎年夏に3大学の共同キャンプを実施しております。このように、日韓、そして東アジアにおける新しい若者のネットワークを構築して、東アジアの将来のあり方を論じる場が必要だと思います。それが「T・K生」の意志を継承していく私たちの責任ではないでしょうか。

セウォル号の子どもたちの問いかけに

最後になりましたが、今なぜ、東アジア各国で保守化を阻止できないのでしょうか。日本でも多くの人が頑張っています。たとえば、今回慰安婦問題で右翼の攻撃のなかにあっても、植村隆講師を解雇しなかった北星学園のことですが、理事長の大山綱夫先生は、恵泉の短期大学の学長をなさっていたクリスチャンの方でもあります。現在、日本社会の平和運動の最前線で頑張っているのはクリスチャンの方々であります。

しかし、韓国でもキリスト教の世界は保守化し、形式化し、教会の精神が見えないといわれています。荒井先生とともに韓信大学に行った時に、そこに参加した多くの方の反応は、「民衆神学」への関心よりも今の時代、クリスチャンの役割と使命感とは何だろうかという自分自身への問いかけの反映であったと思います。その大学では、私たちが行った数日前に、チャペルアワーで、全体の前に出て最後の祈りの言葉を担当していた学生が、イエス・キリストの名でアーメンと唱えるのではなくて、民衆の名でアーメンと唱えたそうです。それをもって教授会でその学生を処分すべきなのか、認めるべきなのかを議論したと聞きました。その背景まで詳しくは知りませんが、それは、学生たちが民衆の中に存在していない神学への批判、または真の民衆のための神学を求めていることだと思います。

新自由主義による格差が広がり、世界的な冷戦が崩壊していたにもかかわらず、東アジアにはいまもなお冷戦構造の対立がつづき、また軍事国家化している各国の様子、保守源流政権の登場で独裁政治が大手を振っているこの時代、人々のこころは民衆を導いてくれる人をまっているのではないでしょうか。今の時代だからこそ「T・K生」を中心に作ってきた民衆とクリスチャンとのネットワークの役割が改めて必要な時期だと思います。

私が述べたことは場合によっては、韓国でいえば「ならず者」、あるいは「生意者」の発言だと思われるかもしれません。しかし、今まで皆さんが信じて頑張ってこられたその心、意志、精神をすべて尊敬した上での発言だと思って、受け取っていただけたらと思います。いま東アジアにとって私たち日韓市民連帯に何が必要なのか、**私たち市民社会が作り上げてきた戦後東アジアの国家、社会の仕組みはこのままで本当にいいのか**、新しいコミュニティ、秩序、社会のあり方、その創造的な発想を持たない限り、私たちは東アジア平和共同体の道を歩むことができないのではないでしょうか。

これまで私たちが作ってきた国家や社会構造の犠牲者たちが、セウォル号の子どもたちであり、3・11の被害者たちだと思います。その犠牲者たちが今私たちに問いかけているのは、東アジアの真の市民連帯のあり方ではないでしょうか。私たちのような犠牲者が2度と出ないように東アジア市民連帯で新しい未来を作ってほしい、という願いではないのでしょうか。みなさんとともに今後ともそのような道を一緒に歩む活動ができればと思っています。長時間ご清聴、ありがとうございました。

2章

韓国の歴史的な4・13総選挙と若者たちの戦略的選択

——韓国市民社会の闘いに日本はどう応えていくのか

1　韓国の4・13有権者革命と市民が守った民主主義

市民の厳正な審判

2016年4月13日、韓国の総選挙は韓国現代史に画期的な1ページを書き加えた。伝統的な野党勢力が分裂したまま選挙に臨むことで、野党および市民社会の敗北意識は非常に強かった。政権党の大勝利は火を見るよりも明らかかと思われた。しかし、蓋を開けてみると、「与党の圧勝」あるいは「最小限の過半数確保」という政界とメディアの予想を覆し、与党惨敗と野党圧勝という正反対の結果をもたらした。韓国の野党と民主化運動勢力は韓国市民の戦略的選択に感謝の意を表わさなければならなかった。野党共に民主党（2014年に新政治民主連合を立党し、2015年12月、党名を「共に民主党」に変更した）の非常対策委員会委員長の金鍾仁《キムジョンイン》は、選挙直後**「国民の審判は本当に怖かった」**と話し、韓国市民の力について改めて驚いたという表情を隠せなかった。

もう一つの学生革命としての4・13有権者革命

朴槿恵《パククネ》政権と保守与党の政策的失敗にもかかわらず、野党に対する国民の支持率が最低値まで落ちていることは、力なき野党に対する国民の不満が根深いことを意味する。しかし有権者は、このような閉塞した政治構造にも絶望せず、戦略的に投票に参加した。独裁政治の横暴と、野党の無能力に対して警鐘を鳴らしたのだ。特に今回の選挙では、20代と30代の若い世代が大挙投票に参加したことが、小選挙区と比例代表数十カ所で、500票前後の僅差での勝利につながった。

「野党の分裂は、与党の圧勝」という単純な算数計算ではなく、有権者が現在の政治を考慮して真摯にアプローチした結果、**「与党の大惨敗、野党の圧勝」という新しい結果を出した**のである。

今回の選挙は、韓国現代史を塗り替えた60年4・19学生革命、79年10月釜馬抗争、87年6月民主化大抗争に次ぐ、韓国民主主義の最大の危機を民衆の力で軌道に戻した4・13有権者革命といっても過言ではないだろう。それも、60年4・19学生革命以降、民主主義の危機のたびに若い世代が犠牲を払って成し遂げた、2000年代のもう一つの学生運動といえるかもしれない。

日韓政治はコインの表と裏

2011年12月、京都で開かれた日韓首脳会談で、李明博《イミョンバク》大統領（当時）は、野田佳彦首相（当時）に日韓慰安婦問題解決に対する譲歩を要求した。就任以後、1度も歴史問題を取り上げなかった李明博政権は、政権末期になって、兄の李相得氏の収賄による逮捕など閣僚の大部分が腐敗問題で検察の調査を受け、権力の危機を迎えていた。彼は日本に対して歴史問題についての譲歩を引き出して、政権の失敗を隠そうとしたのである。

野田首相は、実務レベルでぎりぎりまで詰めていた日本軍慰安婦問題合意案について最後まで決断せず、京都での日韓首脳会談は冷め切った雰囲気の中で決裂した。翌年8月10日、李明博大統領は独島（竹島）を電撃訪問して、さらに天皇の謝罪問題まで取り上げることで歴史問題についての不満を正面から爆発させた。独島（竹島）訪問は、日本国内では在特会など保守右翼勢力を政治勢力化させ、ヘイトスピーチなど大々的な反韓および反中デモを組織する土台を提供する結果をもたらした。

李明博大統領が独島（竹島）を訪問した当日は、野田政権が国民の圧倒的な反対にもかかわらず、消費税引き上げを強行採決した日でもあった。日本の新聞各紙夕刊の第1面は、消費税引き上げ案可決に対する政権批判の記事で飾られるはずだったが、李明博大統領の独島（竹島）電撃訪問に差し替えられてしまった。日韓の首脳の政治的行為がすべて必然的な行為だと見るには限界があるが、偶然だといって済ませるには理解できない相互依存性があることは確かだ。日韓関係において偶然と必然はコインの裏表であろう。

日本軍慰安婦問題を越えた有権者革命のフレームこそ、４・13総選挙の真実

韓国の総選挙の結果を報道する日本のメディアを見ながら、言葉に詰まった。韓国総選挙の結果は、昨年12月28日に行われた日本軍慰安婦問題の日韓合意に影響があることは否定できない。ところが、リベラルだといわれる朝日新聞と東京新聞でさえも、日本軍慰安婦問題だけをフレームとして韓国の総選挙結果を報道していた。報道のあり方としてはあまりにも一面的だ。２００2年9月、金正日《キムジョンイル》国防委員長（当時）と小泉首相（当時）の歴史的な日朝首脳会談を報道する日本のメディアが、日本人拉致問題だけに焦点を当てて報道していた時と同様で、構造的な類似性を感じてしまう。

２０１６年は、7月に日本の参議院選挙が行われる。日本の民主主義のあり方が決まる重要な選挙である。米中の対立、北朝鮮の核実験などが続く東アジアの国際情勢のなかで、選挙結果によっては憲法改正に至り、アメリカの戦略による日米韓軍事同盟の完成という新しい時代にさしかかるかもしれない非常に重要な選挙だといえる。

市民個々人がどのように選挙に臨まなければならないか。どういう選択をしなければならないのか。そこに今後の**民主主義のあり方や、市民の生命と安全が守られるかどうかがかかっている**。韓国の市民も日本の市民も戦後最悪の経済状況の中にいる。国家の安全保障だけを優先視する保守政治家によって危機意識があおられるなかで市民がナショナリズムの選択を強いられているのが現実だ。最善でなくても、次善の選択に希望を持つ正当な1票を行使する有権者の賢明な意識こそが、日本と韓国の独裁政治を止める役割を果たすであろう。今回4・13選挙で韓国市民がもたらした結果は、独裁政治に歯止めをかけ民主主義を守っただけでなく、今後の民主主義の新しい土台をつくったことで、その意味は非常に大きい。4・13選挙革命を通して韓国の有権者は何を選択し、どのように今後の韓国の政治を変えようとしたのか？ 今回の選挙結果は2017年大統領選挙の行方にどのような影響を与えるか？ 韓国の選挙結果は、日本の選挙結果と連動して日韓関係およびアメリカの東アジア戦略にも重要な影響を与えるだろう。

コラム◎選挙と政権交替からみる韓国現代史

分断体制の中で起きた60年4・19学生革命

日本帝国主義による35年間の植民地支配から解放された朝鮮半島は、解放と同時に、アメリカやソ連など対外勢力の介入で38度線を境に分断政権が成立した。南北の両政権は、日帝の残滓を清算する前に1950年6月朝鮮戦争で衝突した。植民地支配から独立して5年も経たずに朝鮮半島では、400万人が犠牲になる3年間の戦闘の末、53年7月分断体制が定着した。

新しい世の中を熱望した進歩的な知識人と民衆は、アカ狩りや民間人虐殺などによって大勢の人が犠牲になった。民族同士の戦争の惨禍のなかで李承晩《イスンマン》大統領は、長期政権を画策し、憲法を改悪し、終身政権を夢見て、独裁政治を実施した。休戦以降、反共主義が社会全体に浸透し、北朝鮮の共産主義と対立する体制のなかから、わずか**7年後の1960年4月19日に起こった学生革命は、李承晩政権を転覆**させた。

日本も当時60年安保闘争で国が揺れていたが、日本の学生たちは政権を転覆させるところまでには至らなかった。後進国であり、新生独立国であった、韓国の政治状況について誰も関心を持たなかった時代、韓国の民衆は暴力的な反共政策と独裁政権に立ち向かい民主主義、経済再建、祖国統一を訴えて革命の火を灯していた。4・19学生革命のきっかけは、60年3月15日に行われた大統領選挙における李承晩政権による不正選挙に対する国民の審判であった。

48年政権樹立のために初めて導入された選挙制度に、民衆は投票の方法も知らず投票による民主主義の意味もわかっていなかった。4・19革命は、朝鮮戦争後の韓国社会に最低限の民主主義を根付かせたいという民衆革命だった。高校生や大学生の民主主義と統一を願う純粋な情熱こそが、分断体制の韓国社会の中で独裁政権に立ち向かい、民主主義を守るための抵抗の伝統を目覚めさせたのである。

維新体制を倒した79年10月釜山馬山抗争

しかし、民衆の民主主義に対する熱望は、61年朴正熙《パクチョンヒ》少将が率いた軍事クーデターによって踏みにじられ、以後18年間にわたる長期軍事独裁政権が登場した。朴正熙は、71年大統領に就任したが、憲法の規定から次期大統領選挙への出馬が困難になることを予想して、**72年にいわゆる「維新措置」**を実施した。この措置は、国会を停止させて国民による直接選挙権をなくし、大統領にすべての権限を委ねる維新憲法を制定して、国民の上に唯一君臨する一人独裁体制を実現するものであった。この維新措置に抵抗する民衆に政権は、全国民主青年学生総連盟事件（民青学連事件）および人民革命党事件に代表される反体制左翼学生事件をでっちあげて、学生運動指導者たちに死刑を執行した。その後も、維新体制に反対する数多くの学生が緊急措置違反で拘束され実刑に処された。文字通り、暗黒の韓国社会だった。

70年代初頭、日中国交正常化など東アジアのデタントのなかで、日朝国交正常化のための民間交流も活発だった。この時期、韓国に対する日本のイメージは、現在（２０１６年）の北朝鮮の金正恩体制よりもはるかに暗い軍事独裁社会のイメージだったといえる。しかし、72年維新体制から7年が過ぎた79年、釜山と馬山地域を中心に再び学生の抵抗運動が盛り上がった。79年10月26日、釜山馬山抗争に対する政府の処置をめぐって、朴正煕政権内に強硬派と穏健派の対立が生じた。結局朴正煕大統領の側近であり、中央情報部部長であった金載圭《キムジェギュ》による朴正煕大統領射殺事件に至った。終わりがなさそうだった維新独裁体制は、もろくもその独裁者の死去で幕を下ろした。選挙権を奪われて民主主義が死んでいた韓国社会で、7年ぶりに立ち上がった学生の抵抗運動が長期独裁政権を崩壊させ、国民の選挙権を取り戻したかのようにみえた。

市民民主主義の道を開いた87年6月体制

18年間の軍事独裁が終息し「ソウルの春」に代表される80年は、韓国の民主主義の新しい胎動を意味した。しかし、国民の直接選挙権を認めない朴正煕の維新体制を継承しようとした全斗煥《チョンドファン》および盧泰愚《ノテウ》を中心とする新軍部は、**79年12月12日軍事クーデター**を起して国民の民主化への要求を蹂躙した。また、新軍部は全国に戒厳令を発令して軍人の再執権に反対する学生運動を阻止しようとした。**80年5月18日全羅南道光州で新軍部に反対する学生デモ**が起こると、新軍部は38度線付近に配置していた特殊部隊を動員して光州民主化運動を無慈悲に鎮圧した。その責任者の全斗煥は翌年、国民の直接選挙ではなく、体育館で維新憲法がつくった国民代表という自身が任命した人々によって大統領に選出され、軍事独裁政権を延長した。

国民の軍隊を動員して自国の国民を虐殺した全斗煥独裁政権に対する恐怖と衝撃の中にあっても学生と労働者、民衆は「光州虐殺の真相究明」「責任者処罰」を要求し、熾烈な民主化運動を展開した。光州虐殺事件から7年が過ぎた87年6月、民衆の民主化に対する熱望が再び爆発し、１００万人の大規模デモが全国で軍事政権をついに屈服させた。この時、国民の第一の要求は、国民の直接選挙による大統領選挙制度であった。政権党である民政党の次期大統領候補の盧泰愚がこの大統領直接選挙制を受け入れて、民主化措置を実施するいわゆる6・29宣言を発表した。これは戦後の韓国社会で選挙によって軍事独裁政権を終息させる実質的な契機となった。

同年10月、**大統領直接選挙制を骨子とする87年民主化憲法が制定**され、その年の12月に大統領選挙が行われた。ところが、野党候補が金大中《キムデジュン》と金泳三《キムヨンサム》に分裂したため、新軍部を継承する盧泰愚が当選し、軍部政権が延長された。しかし、87年6月民主化抗争で噴出した市民民主主義の巨大な流れを逆戻りさせるのは、もはや困難だった。

韓国は現在、**87年6月民主化大抗争**を通して勝ち取った任期5年の大統領直接選挙制を規定する憲法を維持している。それは、87年6月民主化運動以降、民主化・南北統一を進めようとする民主化運動勢力と、反共親米政策に基づいて民主化・南北統一の動きを阻止し、既得権を維持しようとする反民主勢力（保守）の対立が続いていたからである。つまり、この約30年間は、「民主」対「反民主」という、いわゆる87年6月体制の時代であったといえる。前者を野党（民主党）、後者を与党（セヌリ党）が代表する2大政党の対立構造であった。

しかし、２０１６年４・13総選挙は、このような87年6月の2党体制を超える新しい韓国の政治構図を誕生させたという点で、第2段階の市民民主主義の始まりだといえるだろう。

民主化後の政権交代と改革の限界

１９９３年、金泳三は、保守軍部勢力と手を結んで、大統領に当選し、軍人ではない市民出身という点で「文民政府」（93～97年）と標榜した。金泳三政権は、政権初期には金融実名制の実施、軍部の私組織（ハナ会）解体、80年5・18光州事件の名誉回復のための特別法を制定して、全斗煥・盧泰愚の前職大統領を拘束するなど改革的な措置で国民の絶対的な支持を受けた。しかし、94年金日成主席の急死による南北首脳会談の失敗と北朝鮮に対する強硬政策の実施、95年経済協力開発機構（ＯＥＣＤ）の早期加入と労働統制政策の導入により97年経済危機を招き、労働者・民衆の抵抗に直面した。

98年、国家破産という前代未聞の韓国経済危機の中で、野党の指導者・金大中が大統領に当選し、韓国政治史上、初の野党への政権交代が実現した。**金大中大統領（98～2002年）**は、「国民の政府」を標榜し、経済危機の克服、女性部の設置および死刑制度の実質的執行停止など社会・民生政策を優先した。また、2000年6月15日には歴史的な南北首脳会談（共同宣言）を実現するなど、経済再建・民主化といった課題の実現の後、南北和解のための新しい政策を実施した。このような金大中の民主化政権を継承して、登場した**盧武鉉大統領（2003～07年）**は、「参与政府」と名づけ、権威主義の清算、言論および財閥改革、そして、2007年10月4日、2回目の南北首脳会談を実現して南北共同繁栄と共存の制度化を試みた。

しかし、金大中および盧武鉉政権の民主化政権10年の間、民主改革および南北交流は活性化されたが、97年経済危機以降、新自由主義構造改革政策を実施してきた結果、非正規職の大量発生による両極化社会への道を開き、貧富の格差と経済の沈滞を克服できなかった。国民は、民主化政権10年の間に解決できなった社会・政治の課題よりも、経済成長に対する期待に忠実であり、保守を代弁する**李明博政権（2008～12年）、そして朴槿惠政権（2013～17年）**を支持するに至った。

保守政権8年に対する審判

李明博政権5年の間、韓国の経済規模は外形的な数値ではグローバル化および拡大されたが、実質的な経済成長には至らず、むしろ財閥中心の経済政策と非正規職労働の大量発生を通して、両極化社会をさらに深刻化させる結果を招いた。また、100万人が集まったアメリカ産牛肉全面輸入に反対する市民の集会を公権力で鎮圧するなど、世論とメディアの批判を無視した一方的な政権運営は、韓国民主主義の後退を明確にした。2013年に登場した朴槿惠政権も、李明博政権の財政優先の経済政策、非正規雇用の増加、言論・

集会の自由を抑圧した民主主義の後退などをさらに加速した。また、**セウォル号沈没事故（２０１４年）**、**ＭＥＲＳ（マーズ）事態（２０１５年）**など大型災害発生時の危機対応の無能力ぶりは、韓国国家システムの根本的な欠陥を露呈した。さらに、対北朝鮮政策においても、朴槿恵政権が標榜した「信頼プロセス」は北朝鮮の核実験やミサイル開発により完全崩壊し、南北関係は武力衝突が頻繁に起き、朝鮮戦争以降、最大の危機を迎えている。

このような状況のなかからみると、２０１６年４・13選挙は、野党に対する支持ではなく、李明博および朴槿恵の保守政権８年間の三つの危機――経済の危機、民主主義の危機、南北関係の危機――に対する国民的審判の性格が強かったといえる。

２　４・13総選挙の結果が語る韓国国民の政治意識

（1）事前投票と交差投票がもたらした高い投票率

韓国の国会（1院制）議員選挙は、３００の議席を小選挙区制（２５３議席）と全国区比例代表制（47議席）とに分けて、これを同時に選出する。特に、今回の選挙では初めて1人当たり2投票制を実施し、小選挙区制の支持候補と比例代表のための支持政党を別途投票する交差投票制度を実施した。全体投票率は58％を記録し、これは前回の19回総選挙の54・2％に比べて3・8％上昇した。韓国の大統領選挙の場合、投票率は１９９８年の第15代大統領選挙（金大中当選）80・7％、２００２年の第16代（盧武鉉当選）70・8％、２００８年の第17代（李明博当選）63・0％、２０１２年の第18代（朴槿恵当選）75・8％で、全般的に低下傾向である。しかし、今回の総選挙で投票率が上昇した背景には、事前投票制（不在者投票）の効果が

資料1　第19回総選挙と第20回総選挙の議席数

2015年　第19回総選挙		2016年　第20回総選挙	
セヌリ党	152議席（25）	セヌリ党	122議席（17）
民主統合党	127議席（21）	共に民主党	123議席（13）
統合進歩党	13議席（6）	国民の党	38議席（13）
自由先進党	5議席（2）	正義党	6議席（4）
無所属	3議席	無所属	11議席

＊カッコ内の数字は、比例代表議席数

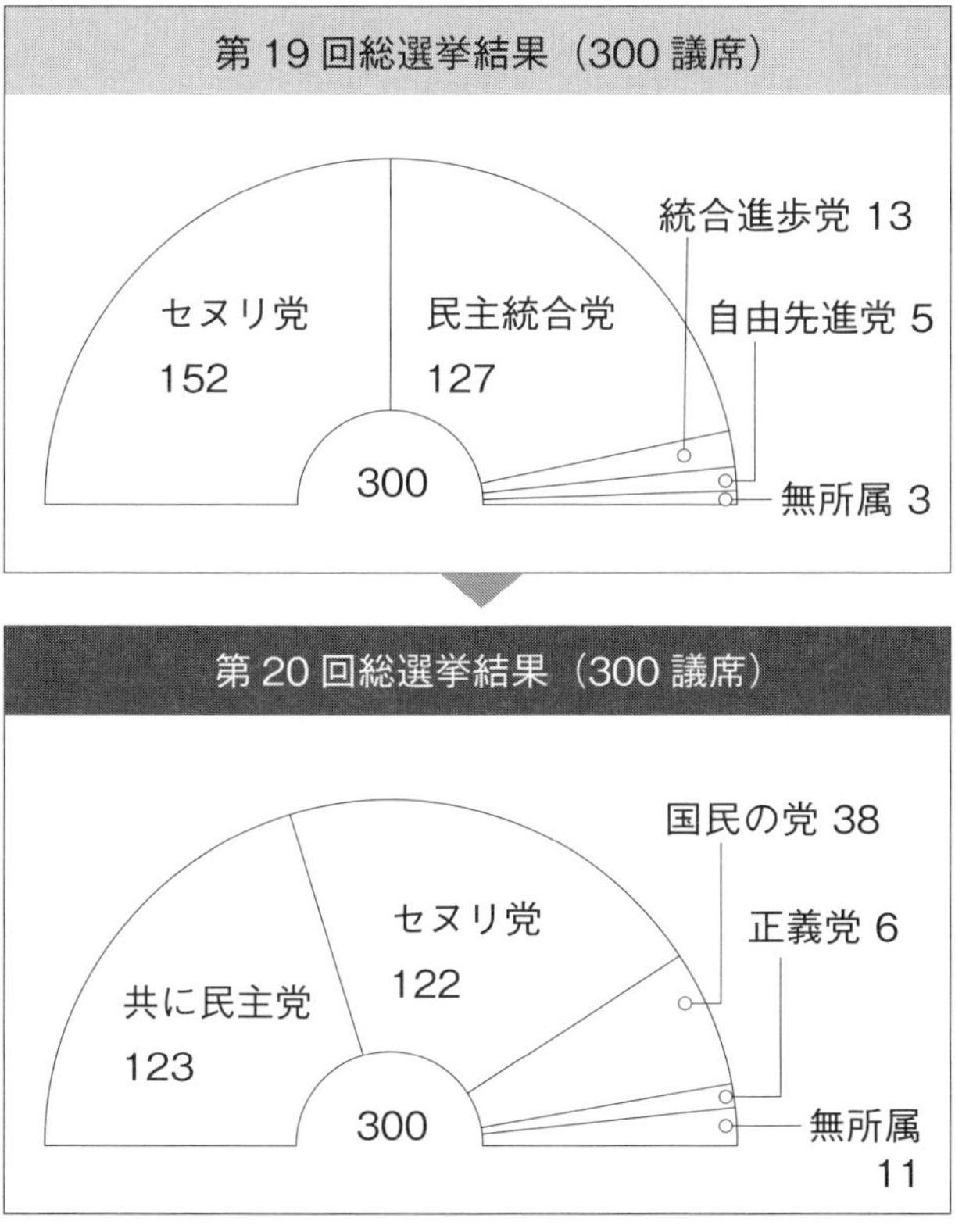

あったとみられる。

今回、事前投票制（4月8日~9日の2日間）を実施したことは、若い世代をはじめ、投票日に業務などの理由で投票に参加できない人々に投票権行使の機会を拡げたという点で高く評価できるだろう。また、海外在住の在外国民にも不在者投票制度を実施しているが、この場合は手続き上、小選挙区の投票権はなく、比例代表のための支持政党投票の1票だけを行使できた。大統領選挙の場合は、支持候補に対する投票権を行使することができる。

（2）第1党の地位まで明け渡した与党の大惨敗と与小野大の政局

2016年の総選挙で、セヌリ党の場合、全体過半数150議席に全く及ばない122議席にとどまり、第1党の地位を野党に譲り渡さなければならないほどの大惨敗だったといえる。野党3党で全体議席の2／3以上を掌握している点で、16年ぶりに「与小野大」状況が誕生した。また20年ぶりに3党体制が到来し、特に今回の選挙の場合、韓国の選挙史上初めて無所属が2ケタの議席を確保した。これは、韓国の国民が、従来の「保守」対「進歩」、「民主」対「反民主」という、2者択1の政治に対する不満が高いことを反映している。（資料1参照）

（3）保守与党層の投票忌避と伝統的な野党地域の積極的な投票参与

資料3の各地域別の投票率をみると、4・13総選挙における与党と野党それぞれの支持層の投票傾向がよくわかる。野党の支持層が多い全羅南道の投票率は非常に高い（63・7％）。また、野党の聖地と呼ばれている光州市も高い投票率（61・6％）をみせている。これは、野党が共に民主党と国民の党に分裂して、2つの野党の競合関係によって野党支持の有権者が積極的に投票に参加したことが大きい背景となっている。

このことは、野党支持層が多いソウル（59・8％）でも同じく反映され、高い投票をみせている。反面、伝統的に与党支持層が多い慶尚北道（56・7％）、慶尚南道（57・0％）は全国投票率の平均以下の投票率だ。これは、伝統的な与党支持層が今回の選挙にはほとんど参加しなかったことを意味する。朴槿恵大統領の政治的故郷であり、韓国保守政治の聖地と呼ばれる大邱は54・8％で、全国で最も低い投票率だったことは、選挙開始直前に起きた与野党の内紛に対する保守層の拒否反応が強く現れたということがわかる。公認候補擁立の過程で与党とも分裂の状況をみせていたが、与党の分裂に対する保守層の失望がはるかに強かったことを如実に現わしている。結局、野党支持者にとって、野党の分裂は投票率向上に寄与した反面、与党支持者にとって、与党の分裂は投票に行くモチベーションを引き下げた各選挙区で野党候補が僅差で勝利を収める要因になったといえる。

（4）公務員および労働者の抵抗

また、今回の選挙で注目しなければならないことは、**世宗市の投票率が63・5％を占めている**ことだ。盧武鉉政権当時、首都のソウル特別市の飽和状態を解消し地域間の均等発展を促すために、ソウルから約200キロ離れている忠清道の大田地域周辺に首都を移転する、いわゆる遷都を計画した。しかし、ソウル市内に財産や既得権を持つ保守層は強く反対し、また憲法裁判所も首都移転政策は憲法違反という判決を下したため、盧武鉉大統領の遷都計画は挫折という結果に終わった。以降、盧武鉉政権は首都移転ではなく、機能分散のための行政都市建設という名目で、現在の世宗市に政府機能を分離移転する政策を実施した。

行政機関の移転により、世宗市の居住者はほとんど国家公務員とその家族だとみられる。しかし、注目すべきことは、彼ら世宗市の国家公務員が行政最高権力者である大統領の政策に対しての支持でなく、その不満から野党を支持して、積極的に投票に参加している点である。これは、朴槿恵政権登場以降、国家公務員の年金改革を含めて公務員を保守既得権層と罵倒し、改革のターゲットにしたことに対する公務員の反発が反映されたとみられる。

さらに、**蔚山（59・2%）**は、造船や自動車産業労働者が多いブルーカラーの地域である。この地域の高い投票率は、朴槿恵政権と執権与党による労働法改悪と、蔚山地域の造船業の構造調整による大量解雇という事態に直面して、野党および労働者候補を積極的に支持した傾向の現れだといえる。

要するに、韓国の4・13総選挙の特徴は、全般的にみて保守層がほとんど投票に参与しなかった一方で、伝統的な野党支持地域、そして現場の労働者および公務員が積極的に選挙に参加し、朴槿恵政権の政策に対する彼らの不満を票で示したのだといえる。

資料2　第19回、第20回総選挙の投票率推移（時間帯別）

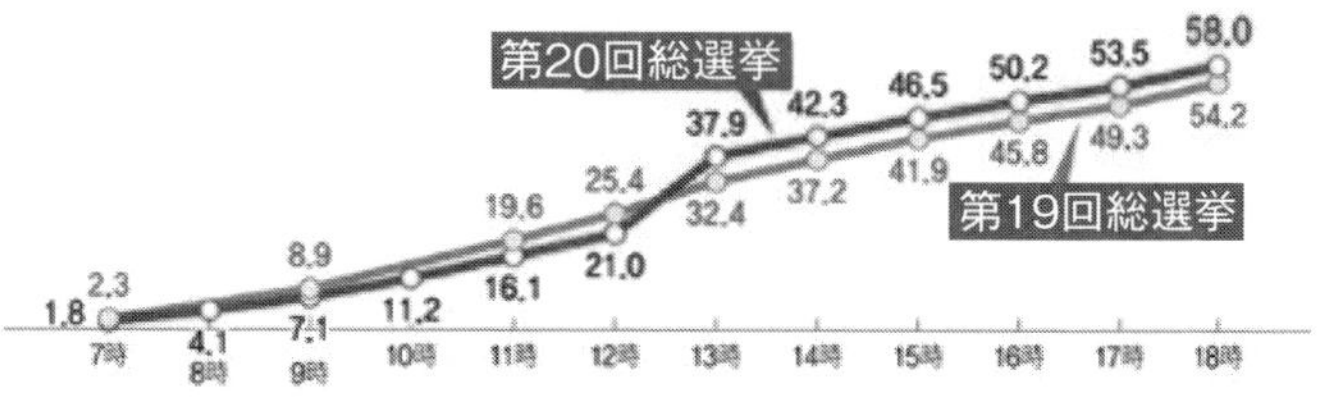

資料3　第20回総選挙の各地域別の投票率

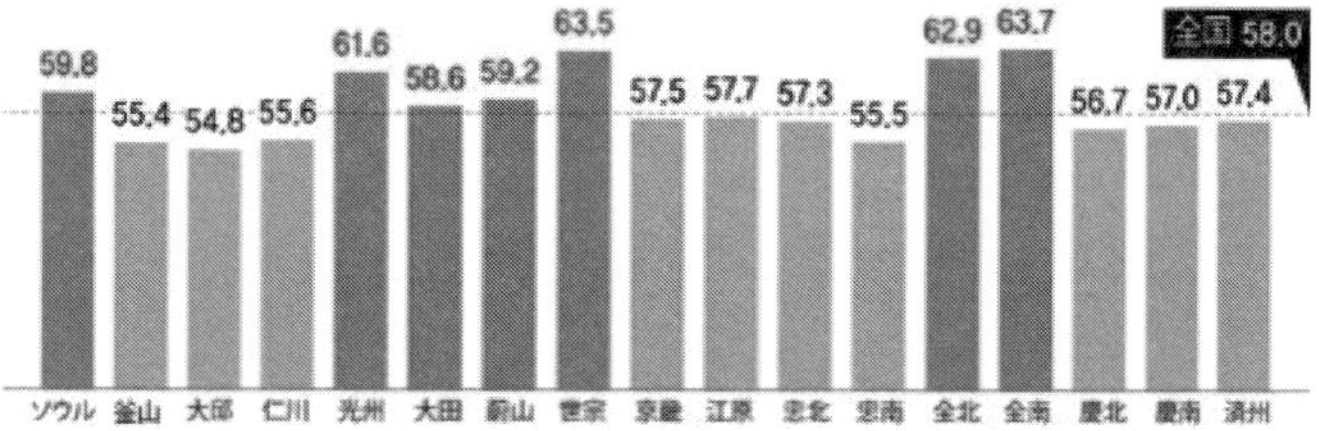

（5）各政党の伝統的な支持基盤の亀裂

韓国の政党の色には、政治的な象徴性がある。現在、**与党のセヌリ党は赤色、共に民主党は青色を使用**している。**国民の党は緑色だ**。韓国の保守与党は、北朝鮮の赤化統一戦略、それにしたがう従北主義の運動勢力、そして、社会主義や市民運動などの左翼に対するレッド・コンプレックスの意識により、伝統的に青色を使用してきた。しかし、前回の第19回総選挙のとき、朴槿恵非常対策委員会委員長（以下非常対策委員長）が党の権力を掌握すると、伝統的な青色から赤色に党の色を変更して保守のイメージを変えた。その結果、総選挙で圧勝して、同年の大統領選挙まで勝利できた。

一方野党は、金大中大統領当時、平民党をつくったときに黄色を使用し、盧武鉉大統領も「開かれたウリ党」をつくった当時、希望の意味として黄色を使用していた。しかし、盧武鉉大統領の自殺後、黄色は盧武鉉の政治哲学や成し遂げられなかった夢や希望を意味するという分析が多かったため、共に民主党は今回の分裂の中で青色に変更して、イメージ刷新を図った。その結果、与野党がイメージカラーを変え、お互いに敵視していた色を身につけているのが現状である。

今回、選挙の直前に創立された野党の国民の党は、緑色を使用した。群小革新政党の中に緑の党が既に存在しており、彼らが使っている緑色は親環境とオルタナティブ社会を意味している。それに対して、国民の党の緑色は、経済成長を意味している。特に、党代表である安哲秀《アンチョルス》の政治的イメージを重ねると、ＩＴベンチャーなど中小企業の発展を通したもう一つの経済成長の意味があるといえるかもしれない。

カバー（裏）の資料は、全国的な支持政党の投票結果を反映している。伝統的に半島東側の慶尚道地域は与党・セヌリ党の支持層が多いので赤色一色、西側の全羅道地域は野党・共に民主党の支持層が多いので青色一色に表されることが従来の選挙結果だ。しかし、４・13の選挙結果は、従来の与野両党の支持基盤内で新しい変化がみられる。まず与党傾向の慶尚道地域のなかに、灰色の無所属の当選者が多くみられる。また、与党支持をしてきた慶尚南道釜山でも、野党の共に民主党所属の当選者を意味する青色がみられる。また、保守の聖地といえる慶尚北道の大邱で、青色の共に民主党が１議席を獲得したことは、戦後初めてであり、その政治的な意味は大きい。

一方、野党の場合、金大中と盧武鉉を継承している共に民主党の場合、全羅南道と全羅北道、そして光州地域は青色一色にならなければならないが、今回は、新党である国民の党の緑色が支配的であり、青色の共に民主党はソウルと中部の忠清道地域で善戦したが、伝統的な支持基盤の湖南地域（全羅道）では議席をほとんど確保できなかったことがわかる。また、全羅南道順天地域の場合、赤い色のセヌリ党候補が当選したことで、全羅道地域でも、与党候補が戦後初めて連続当選する波乱が起きている。

このように、4・13総選挙では、伝統的な野党と与党の地域基盤から亀裂が発生していることがわかる。亡国の病ともいわれる「地域感情による投票」（人物や政策に関係なく、与野2大政党が擁立する候補が当該地域で無条件に当選する傾向）行為に微妙な変化が生じたことは、今後の韓国政治に新たな変化の可能性を開いたといえる。

3　野党と民主化運動勢力の大分裂による韓国民主主義の最大の危機

（1）韓国のビル・ゲイツ、安哲秀の台頭から野党の大分裂まで

4・13総選挙では、伝統的に韓国の野党を継承している民主党が、野党の元代表であった安哲秀を中心に2つに分裂したことで支持率が急落し、共に選挙で大惨敗が予想された。野党の大分裂により、与党・セヌリ党では改憲ラインの2／3議席までの獲得も可能だろうと判断し、また野党支持の新聞の世論調査でも、総選挙では野党が大惨敗するだろうと論じていた。

野党分裂を招いた中心人物である安哲秀は、前回の大統領選挙で急浮上した人物である。韓国のビル・ゲイツと呼ばれる彼は、安哲秀ワクチンを開発して、国民に無料で配布するなどコンピューター・ウイルスの医者としてよく知られていた。ソウル大学融合科学技術大学院の教授をしていた彼が政治の中心に浮上したのは、2011年9月、ソウル市長選挙のときだ。当時、ソウル市長だった保守派の呉世勲《オセフン》が無償給食につ

いて反対し、ソウル市民に信任投票を提案した。２０１１年8月に行われたソウル市民による住民投票率は3割に満たず（25・7％）、呉世勲は市長職を辞任することになり、市長選挙が実施された。当時、「安哲秀氏がソウル市長選に出馬するかもしれない」という一言がメディアを通して取り上げられると、ソウル市長候補として安哲秀の支持率が急騰したのだった。

一方、李明博政権は、１００万人が集まったアメリカ産牛肉輸入反対のためのキャンドル集会の背後にはＮＧＯや市民団体があると疑い、市民団体に対する予算の縮小および寄付金の使用不正問題などを根拠にして関係者の召喚をおこなった。このような市民団体への圧力は、当時、弁護士出身で韓国の代表的な市民団体「参与連帯」の執行委員長をつとめ、市民運動のシンクタンク「希望製作所」を運営していた朴元淳《パクウォンスン》に対する弾圧に繋がった。朴元淳は政権からの弾圧に対して裁判を通して抵抗したが、裁判後には市民運動の現場から離れて山登りにでかけていた。誰よりも市民運動の政治参加に批判的だった彼は、ソウル市長選挙のニュースが流れると、山から下りてソウル市長選挙に出馬すると宣言した。しかし、彼の支持率は５％にも満たなかった。

同年9月6日、支持率約50％を得ていた安哲秀は、５％支持率の朴元淳と会談して、ソウル市長候補を譲るという「美しい譲歩」をおこなった。その影響で、10月26日のソウル市長選挙で朴元淳がソウル市長に当選した。支持率５％の人をソウル市長に当選させるほどの影響力を持っている安哲秀の人気は、さらに上昇した。「安哲秀現象」と呼ばれるほど、若い世代を中心に人気が上昇し、２０１２年の大統領選挙候補にまであがった。しかし、野党民主党の大統領候補となった文在寅《ムンジェイン》と大統領候補一本化のための会談は決裂し、美しい譲歩は実現しなかった。野党分裂による保守政権の延長を懸念する人々の圧力のなか、結局安哲秀は大統領候補を辞退し、文在寅との対立に幕を閉じた。しかし、文在寅と安哲秀の感情の溝は非常に深くなった。

２０１２年11月の大統領選挙で野党候補の文在寅は、与党候補の朴槿恵に敗れた。その後、安哲秀は２０１３年11月に、新しい政治推進委員会を立ち上げて新党創設を模索していたが、翌年3月、民主党と電撃的に合体し、「新しい政治民主連合」の代表となった。しかし、新政治民主連合は２０１４年7月の補欠選挙で惨敗し、安哲秀は代表職を辞任した。

非主流を代表する安哲秀の新党勢力と、文在寅中心の民主化運動経験のある主流勢力の間には、党権をめぐる対立が絶えず、分裂の火種となっていた。総選挙を3カ月後に控えた２０１５年12月、安哲秀は自身が創党した新しい政治民主連合党を一人離党した。その後、新しい政治民主連合を離党した群小勢力や地域勢力と共に新党「国民の党」を創立した（２０１６年2月2日）。ひとつに団結をしても保守与党と朴槿恵政権に勝てない可能性が高いのに、安哲秀の離党と野党の大分裂は、保守政権8年間を我慢して総選挙勝利と政権交代の希望を抱いていた国民にとっては失望と絶望、怒り、それ以外のものではなかった。

自身がつくった党を離党した安哲秀に対しても、彼の離党を止められなかった文在寅に対しても、国民は支持をせず、新しい政治民主連合に対する国民の支持率は急落した。これで今度の総選挙は与党の圧勝になり、韓国の民主主義は本当に死んでしまうだろうと強く懸念されていた。

（2）安哲秀と金大中派（湖南土着勢力）の結合で誕生した第3党・国民の党

民主党は伝統的に、全羅南道と全羅北道を中心した湖南地域を政治基盤としている。その中心都市は、光州と全州である。ここは金大中を中心にした民主化運動の政治勢力の影響力が強く、民主党の中で主流を形成してきた。しかし、金大中大統領を継承した盧武鉉政権が登場すると、今度は、ソウルと慶南（釜山）を中心とした民主化運動勢力、いわゆる３８６世代が民主党の新主流を形成した。朴元淳ソウル市長誕生後、市民運動グループが民主党の中に新しい派閥として加わったが、民主党の中では主に、金大中派と盧武鉉派

資料４　野党分裂の構図

国民の党	共に民主党
安哲秀《アンチョルス》 金大中派	文在寅《ムンジェイン》 盧武鉉派（釜山、ソウル）
千正培《チョンジョンベ》 鄭東泳《ジョンドンヨン》 湖南地域の土着勢力（全南、全北）	市民派（朴元淳ソウル市長など） 金鍾仁《キムジョンイン》非常対策委員会委員長

が旧主流と新主流を形成して、競合する構造になっていた。

２０１２年の大統領選挙で、盧武鉉を継承している文在寅を中心に選挙体制が形成された。その後、民主党の中では文在寅を中心とした勢力が党の主流を形成していることは、否定できない。新主流を形成している盧武鉉派に比べて、朴智元《パクチウォン》（金大中秘書室長出身で旧主流の中心勢力）、千正培《チョンジョンベ》（全南・光州を代弁するリトル金大中）、鄭東泳《ジョンドンヨン》（全北・全州を代弁する旧主流）など、金大中を継承している旧主流の立場は徐々に弱くなっていった。彼らは、新しい政治民主連合の中で、新しく合流した安哲秀勢力と連帯して文在寅の新主流を牽制してきた。

しかし、２０１５年12月、安哲秀が新しい政治民主連合を脱退すると、彼ら旧主流勢力（金大中派）も大部分が民主党を離党して、安哲秀とともに湖南地域を中心に**新党「国民の党」**を創立した。金大中派を中心とした旧主流勢力は、総選挙の公認候補の選定過程において民主党の世代交代の対象になっていたため、民主党を離党したのだった。その後、安哲秀を利用して湖南地域を基盤にする新党・国民の党を立ち上げて、政治活動の再起を狙ったのである。（資料４参照）今回の４・13選挙で、国民の党が最大の目標にしていた20議席をはるかに越えて、40議席近くにまで肉薄した結果は、とりあえず、**湖南地域を基盤として安哲秀と旧主流勢力の選挙連合戦略が成功を収めた**と判断できる。

（3）中道保守を志向する文在寅と金鍾仁の「敵との共存」

安哲秀の離党後、民主党の文在寅代表は党の改革のために新しい戦略を打ち出した。盧武鉉大統領と弁護士生活を共にし、盧武鉉大統領の秘書室長だった文在寅は、２０１２年の大統領選挙で野党の大統領候補として選ばれた。盧武鉉大統領の死去後、盧武鉉財団の理事長を務めた彼は、金大中と盧武鉉大統領の民主化政権の伝統を継承する適任者として抜擢されたのである。前回の大統領選挙の敗北後、文在寅は民主党の代表として復帰し、野党を代弁する政治家として第一線に立った。前回の大統領選挙で対立した安哲秀と、競争および協力関係をつくろうとした文在寅は、安哲秀の新党と統合して、新しい政治民主連合を設立した。

しかし、前述したように、２０１５年12月、安哲秀との協力体制をつくれず、結局安哲秀が離党を敢行することで、文在寅のリーダーシップは大きな傷を受けた。団結と統合をしても、巨大与党に押されると予想されていた総選挙を前にして、野党の分裂は、選挙の敗北を意味し、これに対する批判は、文在寅のリーダーシップ不足に収斂された。

一方、安哲秀離党という分裂に直面した文在寅は、党の改革委員会が提案した公薦委員会を構想して、新しい人物を迎え入れて、安哲秀脱党と国民の党創設以降の世論悪化をまとめようとした。その中で、党の非常対策委員会委員長として金鍾仁を迎え入れたことは非常に破格の人事でもあった。**金鍾仁は、２０１６年韓国政治の台風の目になる人**で、彼の動きに注意を払って見ていく必要がある。

金鍾仁は、中道保守傾向の人物である。87年6月の民主化大抗争後、盧泰愚軍事政権の延長で当時はあまり注目されていなかったが、**87年憲法に「経済民主化」という用語を挿入した人物**として知られている。彼は、自身の経済哲学として、政治民主化だけでなく、韓国の経済民主化を実現するために、歴代軍事政権と保守政権の下で活躍してきた。

朴正熙大統領の庶民経済政策にも関与しており、全斗煥および盧泰愚大統領の時は、経済民主化に対する

安哲秀

文在寅

千正培

金鍾仁

提案と直言をしたという理由で、保守内閣から離脱したりした。２０１２年の大統領選挙のときは、朴槿恵候補の選挙対策委員会委員長をつとめて、選挙公約に経済民主化政策を取り入れて、野党の経済分野政策の影響力を半減させた。その結果、経済分野に弱い保守イメージの朴槿恵候補を大統領に当選させた功労者となった。

　ところが、朴槿恵大統領は就任以降、大統領選挙で掲げた福祉政策に対する公約を相次いで修正して金鍾仁が提案した経済民主化との距離が遠くなった。結局、金鍾仁は朴槿恵政権が経済民主化を行う意志も能力もないと批判して、政権に対する支持を撤回した。金鍾仁は、朴槿恵により大統領選挙で当選するために利用されただけで、当選した後は追い出される、いわゆる「兎死狗烹《トサグペン》の運命」（忠誠を尽くした狗も、役目が終わると要らなくなる。出典『史記』より）だったといえる。

　文在寅は、このような中道保守陣営のアイ

コンである金鍾仁をなんと第1野党の代表として招き入れることに成功したのである。その影響で、分裂した民主党に対する支持率の下落を止めさせ、中道保守の支持層を吸収することで民主党に安定をもたらした。安哲秀は脱党して国民の党を創立した理由を、民主党がうとい経済分野に新しい改革を実施するためであると声明文で言及した。そのとき、民主党が金鍾仁を迎え入れたことは、安哲秀の脱党の政治的・経済的影響を半減させる一方で、民主党に対する支持率向上をもたらしたのである。

しかし、民主化運動の聖地ともいわれている光州と全羅南道地域は、文在寅が金鍾仁を代表に迎え入れたことに対して否定的な世論が非常に多かった。金鍾仁は、全斗煥新軍部がクーデター直後に結成した国家保衛非常対策委員会の委員であり、この委員会の決定で光州5・18事件の軍事鎮圧がおこなわれた点を考慮すると、彼に政治的責任がないとはいえなかった。金鍾仁は野党民主党の代表に就任した直後、光州を訪問して当時の自身の行為を謝罪した。だが、光州の世論は非常に冷ややかだった。選挙運動中、金鍾仁代表に否定的な光州の世論は、彼を迎え入れた文在寅前代表への批判的な世論にも拍車をかける原因になった。

文在寅と金鍾仁の結合は、総選挙期間中、相互の役割分担を通して首都圏と非首都圏、民主党の伝統的な支持基盤と中道保守的な支持層を幅広く確保する効果を収めた。だが、それは、他方で民主党と文在寅が全羅道と光州での支持を失う原因にもなった。

4　与党分裂：真朴・親朴対非朴の対立があらわす保守の2分化

(1) 親李、親朴そして非主流の対立構図（資料5）

4・13選挙は、野党分裂に対する野党支持有権者の離反よりも、与党分裂における与党支持者の不満のほうがより強かったとみられる。当初、野党分裂に関して与党セヌリ党内部では、2／3以上の議席確保も可能だという安易な分析があった。その油断が、与党内分裂と選挙運動開始直前のドタバタ喜劇を引き起こしたといえる。

与党セヌリ党内では、李明博前大統領派と朴槿恵現大統領派の対立が主軸を成している。前者は「親李」、

資料5　与党分裂の構図

主流派	非主流派
親朴派／真朴派／（釜山、大邱）李漢久《イハング》	非朴派／親李派 金武星《キムムソン》／劉承旼《ユスンミン》

李漢久

金武星

劉承旼（中央）

後者は「親朴」と呼ばれている。彼らの対立は、党内の大統領候補決定過程における李明博と朴槿恵の対立にさかのぼる。保守勢力内で「中道保守派」として呼ばれる李明博と「極右保守派」と呼ばれる朴槿恵勢力間の競争は、２００７年大統領選挙で李明博ソウル市長（当時）が世論調査の結果、与党の大統領候補として決定されて新しい主流として浮上したことがその背景にある。

１９９０年の3党合意により、軍事政権の保守派と手を組んだ**金泳三**は、野党の代表的な政治家であった。金大中と対立していた彼は、87年大統領選挙での敗北、そして90年の総選挙で金大中の平民党に次ぐ第2野党に転落すると、保守与党と合党して、自分を支持していた民主化運動の勢力を率いて与党に寝返ってしまった。そして、**92年の大統領選挙で金大中を破って当選した**ことで、**金泳三勢力は軍事政権中心の韓国保守の伝統の中に中道保守の新しい派閥を形成**した。その金泳三勢力と、２０１２年に大統領になった李明博の勢力が中心となって**保守与党内の中道保守派**を構成している。一方で**朴槿恵大統領は、軍事政権からの伝統保守勢力の支持基盤**の上に立っている。

親李勢力は、李明博大統領政権当時、与党内の多数派を掌握した。彼らは、次の権力を親李勢力が掌握するために、２００８年総選挙で親朴勢力を牽制して大量脱落させる「親朴落とし」公薦（公認、韓国では党の公式な推薦を受けることを意味する）を実施した。これは朴槿恵を中心とした親朴勢力の強い反発をもたらし、「生きて戻れ！」という朴槿恵の一言は「親朴連帯」という新しい政治勢力をつくった。12年の総選挙では、朴槿恵を中心として親朴勢力が大量当選し、与党内での実勢は親李派から親朴派へと変わった。

朴槿恵政権成立後、親朴勢力は大邱地域の地域基盤と極右保守の色を鮮明にして、対北朝鮮強硬政策、公権力に依存する反民主的な国政運営を一貫して続けてきた。しかし、朴槿恵が当選した大統領選挙において、国家情報院（国情院）および警察、軍隊のサイバー組織がネット上で世論操作のために広範に介入したという国情院大統領選挙介入の波紋、２０１４年4月のセウォル号沈没事件、２０１５年ＭＥＲＳ事態など、国政運営の乱脈ぶりを露呈した朴槿恵政権と与党セヌリ党に対する国民の支持は急落した。

親朴勢力と親李勢力の対立の中で与党支持が下落すると、**与党内で金武星《キムムソン》と劉承旼《ユスンミン》を中心とする非主流勢力が非朴連合を結成して、党権力に挑戦した。**２０１４年7月、セヌリ党大会の党代表選挙で親朴勢力でも親李勢力でもない金武星が党代表に当選した。金武星は、金泳三元大統領の釜山地域の政治基盤を継承するリトル金泳三である。また、２０１５年2月には、院内代表（日本でいう幹事長）に劉承旼が就任した。彼は、朴槿恵大統領と同じく大邱地域を政治基盤としながらも、合理的保守を標榜して、非朴の中核を形成している。与党セヌリ党は、親朴でも親李でもない、非主流の時代となったといえる。ところが、金武星－劉承旼体制は、朴槿恵大統領とその路線を支持する親朴中心の一方的な国政運営とぶつかることが多く、その不協和音は4・13総選挙での公認騒動と与党分裂を予告していた。

（2）金武星――劉承旼体制の朴槿恵体制に対する抵抗

与党代表である金武星は金泳三を継承し、「釜山の息子」と呼ばれるほど強い気質を持っている人である。彼は朴槿恵大統領の国政運営に対して何度も反対意見を述べるなど、朴槿恵大統領との対立を通じて、次の権力を形成しようとした。しかし、彼の反乱は大体「3日坊主」で終わっており、反対発言の3日目になると、突然朴槿恵政権支持の発言をし、白旗を掲げて大統領に投降するのが常だった。それは朴槿恵政権を成功させることで、与党内の朴槿恵支持派の協力を得ないと、次の大統領選挙で与党の候補に選ばれるのがむずかしいと考えていたのかもしれない。

しかし、朴槿恵大統領を人間的にも感情的にも刺激したのは、党代表の金武星よりも院内代表の劉承旼だった。穏健派で合理的保守を志向する劉承旼は、与党内の野党代表と呼ばれるほど野党の政策志向と相通ずる政治的意見を持っていた。朴槿恵大統領の福祉政策に対して「増税がない福祉は嘘」であると発言したり、朴槿恵大統領の新年あいさつにおける福祉政策の矛盾を正面から批判したりした。韓国保守政治の聖地である大邱を地域基盤とする劉承旼は、朴槿恵以降の大邱権力を代表する候補として成長していた。

2015年6月25日、当時問題となっていた国会法改正案（大統領・行政府の権限を縮小し、国会の権限を拡大しようとする法案）があった。この法案を劉承旼を中心とした与党勢力が野党と合意して国会で決議した。これに朴槿恵大統領は強く反発し、拒否権を行使して不成立にした。朴槿恵大統領は、国政運営が野党でなく、与党院内代表に足元を掬われることを恐れ、「裏切りの政治」と露骨に不満を表し、劉承旼院内代表の辞任を要求した。

党所属議員の直接選挙によって選出された党の院内代表が大統領の一言で辞任をしなければならない状況は、民主主義の基本原理としては説明がつかない帝王政治でもあった。親朴勢力を中心にして劉承旼の院内代表の除名という圧力が強くなると、**劉承旼は**最後まで持ちこたえられず、**緊急記者会見を開き、「大韓民国は、民主共和国です」という言葉を残して院内代表を辞任した。**しかし、この時期に朴槿恵大統領に刃向かった劉承旼に国民の支持が集まったことは、彼が朴槿恵に代わる与党の次期権力の中心人物であることを示唆していた。

非朴を代表する劉承旼が倒れると、その次は、もう一つの非主流の軸である金武星グループがターゲットになるだろうと世論が憂慮するなかで、金武星院外代表は自身の右腕に当たる劉承旼の辞任劇をそのまま見守るだけだった。朴槿恵大統領に抵抗しても意味がないと考えたのだろうか、それとも、次の大統領選挙で自分の競争相手になる劉承旼の脱落を政治的に計算していたのだろうか。その両方かもしれない。

ただし、**金武星は**一人では党内の親朴主流勢力に対抗できないことから、近づく総選挙に向けて**世論調査をして党の候補を決める国民公薦システムを導入しようと企画**した。これは、下からの公薦システムを導入して、極右派に近い親朴系列の国会議員を大幅に入れ替えようとするものだった。非主流の新人が公薦されれば、党内民主主義の擁護と改革を訴えて、次期の党権と大統領候補を自分が掌握できると考えたのか、真偽のほどはわからない。

金武星が国民公薦システム導入を主張すると、大統領府と親朴勢力は反発した。これに対して、金武星は党務を拒否し、国民公薦システムを導入することに成功した。

（3）ドタバタ喜劇で閉幕した与党内の公認騒動

朴槿恵支持派を親朴と呼ぶなら、多数の親朴の中から次期総選挙で公薦を受けるために忠誠派論争が起こり、いわゆる**「真朴」と呼ばれる新しい勢力**が現れた。青瓦台秘書室出身および閣僚出身の彼らは、朴槿恵の側近と自分たちを「真朴」と称して、親朴といいながらも朴槿恵政権を助けない背信者に対する審判を公然に宣言した。このような真朴、親朴、非朴の論争がなされていることは、選挙の女王と呼ばれる朴槿恵大統領の選挙公薦での影響力に対する期待が高いためだ。真朴は、朴槿恵大統領を「ヌナ（お姉さん）」と呼ぶほどに自分たちは朴槿恵大統領と親密さを保っていることを強調したりもする。あるメディアは、「お姉さんがいつも私たちを見ているので（忠誠をつくさないと）……」という風刺漫画を載せ、彼らの言動をからかった。

朴槿恵側は、真朴の中核といえる李漢久《イハング》議員を与党の公薦委員会の委員長に任命した。これは、金武星院外代表が固執して導入した国民公薦システムを無力化し、親朴・真朴に有利な党公薦をしようとしたと受け取られた。また、大邱地域の次期権力として浮上した劉承旼と、次期大統領を狙う金武星およびその支持者らを党公薦から排除する「シナリオ」があるという噂も流れて、与党内部は揺れていた。そして、この全過程は「朴槿恵お姉さまが見ていた」ことであっただろう。

李漢久公薦委員長と公薦委員会の横暴のなかで、地域の選挙区で実施された世論調査の結果は最初から無視されて、真朴および親朴系列のみが公薦権を受けた。金武星院外代表が成立させた国民公薦システムはほとんど意味をなさずに、金武星院外代表の公薦排除さえ既成事実化した怪文書が党内に出回ったりもした。

懸案として浮上したのは、朴槿恵大統領に反旗を翻して辞任した劉承旼前院内代表の公薦権問題だった。選挙区での世論は圧倒的に劉承旼が優位で、原理原則通りなら彼の公薦と当選は当然なことのようにみえた。しかし、「お姉さんの意図」をよく知っている公薦委員会は、劉承旼の公薦権を承認することはむずかしかった。また、国民および選挙区住民の世論を意識すると、選挙全体への悪影響を招くために、公薦しないことも困難であった。結局、李漢久公薦委員会委員長は、誰も公薦しないまま、時間稼ぎをすることで、劉承旼の党脱退を誘導し、その後の空席を、内定している真朴系列の人を公薦する戦略をたてた。

選挙管理委員会の候補登録締め切り3日前の夜12時（韓国の選挙法には、無所属で出馬の希望者は、候補登録3日前までにどこかの党に所属していてはならないという規定がある）、窮地に追い込まれた**劉承旼は、「一時的に党を離れるが、必ず再び舞い戻る」という挨拶を最後にセヌリ党を脱党**して、無所属の候補登録をした。彼は、記者会見で再び「大韓民国は、民主共和国です」と発言した。国民のだれもが朴槿恵大統領の行為は独裁政治だと彼が間接的に批判していること、そしてその言葉の真の意味を理解した。劉承旼の脱党と無所属登録の直後、セヌリ党公薦委員会は真朴と呼ばれる、元大邱市東区庁長李在晩《イジェマン》を公薦候補として選定した。まさに噂の真朴勢力のシナリオ通りであり、「お姉さまの意図」は、そのまま実現されるようにみえた。

しかし、予想外の状況が発生した。国民公薦システムの破綻と劉承旼の公薦排除に不満を抱いた院外代表の金武星は、その通りに進めると党の選挙敗北は火を見るより明らかだと判断したのか、自分の政治生命に危機感を感じたのか、最後の抵抗の刃を抜いた。党で公薦を受けた候補は、公薦管理委員長と党の院外代表の承認の印を受けて選挙管理委員会に候補登録をしなければならないというのが決まりである。しかし、選挙登録締切日を目前に控えた前日に、**金武星院外代表は党代表の印鑑を持って自身の政治的故郷である釜山に逃げて押印を拒否した。**言葉通り「金（武星）の戦争」だった。

金武星は、党務拒否と批判する党運営委員会と国民の世論を意識したせいか、報道記者を自身の事務室に呼び、生放送も許可した。党内で最高の人気を集める議員に対する非民主的な公薦排除の様子、党運営委員会と公薦管理委員会の決定に逆らって党の印鑑を持って逃げた党院外代表の行動など、政権与党が見せる真朴・親朴と非朴系列の対立劇は、ドタバタ喜劇よりも幼稚な水準だった。すでに国民の心は、与党から離れていた。彼らは国民のための政権勢力でなく、朴槿恵大統領の長期的な政治介入を許す前衛部隊、個々人の政治的欲望のためだけに行動する政治やくざ集団、という本質的特徴を、国民は把握してしまったといえる。

いつも3日で投降していた金武星が、今回は3日持ちこたえられるかという世論の笑うにも笑えない展望の中で、またもや金武星は2日目になると妥協の場に現れて、公薦委員長に党の印鑑を渡した。問題の劉承旼の選挙地域は、無公薦地域に選定され、党の公薦委員会が選定した真朴李在晩候補は無所属としてでしか出馬できなくなってしまった。しかし、無所属での出馬は3日前に党を離脱しなければいけなかったので、すでに期間は過ぎており、彼は選挙に出馬そのものができなくなってしまうというハプニングがおこった。劉承旼は、結果的に無所属単独出馬で選挙では自動当選の可能性がむしろ高まった。金武星の戦争は、彼の自尊心をかけた「お姉さんに対する挑戦」だったが、**彼自身も、お姉さんも、チンピラの党も、そして韓国保守勢力のすべてに傷だけが残って、「公認騒動」はドタバタ喜劇で幕が下りた。**

5　8年間の保守政権の政策失敗に対する国民の審判

（1）2012年総選挙での与党圧勝がブーメランとなった総選挙

4・13総選挙で与党が実質的に大敗した原因は、2012年総選挙で朴槿恵非常対策委員長を中心に与党がどのように大勝したのかをみると、さらにはっきりする。12年総選挙では、朴槿恵非常対策委員長を中心に与党が勝利した要因は、おおむね3つ上げられる。**第一に、朴槿恵の強い改革的リーダーシップが作用した。**当時、李明博政権の腐敗が社会的に問題視されていた。朴槿恵非常対策委員長は、不正政治家を一掃するという名分で親李派の粛清を掲げた。朴槿恵非常対策委員長の強い改革的リーダーシップの下、李明博大統領との違いを浮き彫りにして、親朴勢力は与党内部で新しい勢力になった。

第二に、保守のイメージ変化が功を奏した。12年当時、腐敗の象徴になってしまった保守与党のハンナラ党（ひとつの国という意味）のイメージを捨てるために、朴槿恵非常対策委員長は、党名を「セヌリ党」（新しい世の中、新しい国という意味）へと変えた。そして、伝統的な保守は青色を使用して反共平和を重要視したが、朴槿恵非常対策委員長は、敵対国の北朝鮮および左派を象徴とする赤色を積極的に使用して、与党の根本的なイメージ変化を図った。また、非常対策委員としてハーバード大学を卒業した若い新人の李《イ》俊錫《ジュンソク》（当時26歳）を任命した。さらに、釜山の変化の象徴として孫受祚《ソンスジョ》（当時27歳）を公薦するなど、保守陣営内の多くの人物が新人に交替した。野党は、従来の地域選挙区の現役議員の多くが再公薦を受けたことで、「改革的な保守」対「保守的な進歩」という対立構図をつくった。また政策においても、野党や市民運動が主張する福祉政策を選挙公約に反映させ、南北関係の改善も明らかにした。

第三に、メディアの影響も非常に大きかった。保守主流のメディアは、腐敗権力の終わりに近づいている親李派よりも、親朴派を厚遇し、朴槿恵大統領をつくるかのように総選挙期間中、朴槿恵陣営に好意的な報道をおこなった。それにはもちろん、朴槿恵非常対策委員長の改革的なカリスマのイメージがあったから可能だったとみられる。それに比べて野党は、与党と李明博の政権の政策失敗にしっかりと対応できず、むしろ無能力と代替勢力の準備不足というイメージが強まった。結局、２０１２年の総選挙で与党セヌリ党は大勝して、これと同じ戦略で12年末の大統領選挙でも朴槿恵が辛勝することになった。

ところが、**２０１６年の総選挙では上の３つの勝利要因がそのまま敗因のブーメランとなって戻ってきた。**第一に、朴槿恵大統領の強いリーダーシップは、反対派および野党、国民とのコミュニケーション不足だけではなく、民主主義後退の象徴のようにもみえる。一方的な国政運営は、４・13総選挙でも、腐敗を代弁する親朴や反共保守的な真朴を多数公認することで新鮮さを失い、過去の絶対権力への回帰のイメージを形成していた。

第二に、保守の赤色は維持したが、政策は過去の反共保守に戻っていった。総選挙期間中、朴槿恵大統領は赤いワンピースを着て、与野党競合地域だけを電撃訪問するなど、大統領の選挙介入と指摘がされるほど赤色に固執した。しかし、高齢者の年金、大学授業料の半減、青年失業者対策など福祉政策は著しく後退して、「福祉なき福祉政策」となった。南北関係では、北朝鮮の第４次核実験（２０１６年1月）とミサイル発射以後、国際社会の制裁強化、開城公団の閉鎖など強硬な南北対決政策をとり、南北間の危機をさらに高めた。

第三に、世論も背を向けた。親朴の公薦と非朴系列の露骨な公薦排除の波紋は、保守系のメディアからさえも与党批判が続き、その背後にいる朴槿恵大統領にも背を向ける結果を招いた。結局、前回の総選挙で勝利に導いた３つの要因が今回の４・13総選挙では、朴槿恵政権を審判する基準になってしまったといえる。

（2）保守政治8年の政策失敗に対する国民の審判

朴槿恵大統領の一方的な政治スタイルと国民とのコミュニケーションがないことは、メディアの朴槿恵政権に対する支持率下落の主な要因だ。さらに、与党内の分裂と公認騒動は、保守陣営内の支持層からも支持を得られない要因になった。なによりも国民が朴槿恵政権に持つ不満は、その政策にほとんど具体的な成果がなく、結局失敗しているだけであり、87年民主化以降築いてきた国の根幹を揺るがしているという冷徹な判断にある。

第一に、政治的には国会と行政部、司法部の**三権分立という民主主義の基本原則が守られておらず、**大統領個人の意思だけが政策決定の最も重要な要因になることで、**独裁の様相を呈している。**国民と言論に対する説明責任はほとんど行われておらず、内閣でも朴槿恵大統領に直接口頭報告をする閣僚がほとんどいないほど、討論型の民主政治とはかけ離れている。インターネット上での朴槿恵大統領の政治スタイルに対する皮肉や政策に対する批判を名誉毀損、冒瀆罪などで検察が関連者を召喚したり起訴したりする事態が頻繁に発生していることから、言論弾圧、表現の自由の抑圧という批判を受けている。実際、朴槿恵政権登場以降、韓国の言論自由度は、世界70位に転落している（２０１６年国境なき記者団による評価。同発表で日本は72位。日韓とも安倍政権と朴槿恵政権は、メディア統制の政治スタイルでは共通しているといえる）。

第二に、社会的にセウォル号沈没事件の隠蔽は非常に深刻だ。３００余人の高校生が、両親が見守るなかで船とともに沈没していく光景は、言葉では表現できない衝撃的な事件だった。世界経済上位圏の国であり、サムソンと現代が世界的な企業に成長して、ＩＴ・デジタル大国と呼ばれる韓国は、船が沈没する過程において国家システムが全く動かないという問題点を露呈した。さらに、学生を救出しようとした漁船も、特殊部隊も、自発的に駆けつけた個人潜水士も、船に接近したり、船の中に入ることを禁止されるという矛盾した状況が発生していた。なにが問題で、なぜこのような事件が起きたのか、調査しようとしても、関係者がこの事件を隠蔽して、真相究明を困難にさせているのが現実だ。学校に通学している途中に起きた交通事故ではなく、韓国社会の構造的な矛盾が赤裸々に現れた事件として、国家にはその真相究明と責任者処罰をしなければならない責任があるだろう。

そのうえ、この事件が起きてからすでに2年が経過しているにもかかわらず、今でも船は海に沈んだままであり、真相究明の道は遠い。右翼保守陣営がセウォル号の遺族を左派、アカ、子どもたちの死で補償金商売をするやつらなどとその名誉を毀損している行為も頻繁に起きている。大手メディアは、セウォル号事件を縮小させることで忘れさせて、日常の中で暮らすようにしようと約束したかのように、報道番組からセウォル号関連ニュースはその姿が消えている。日本の2011年3・11以降の福島と放射能問題に関する日本政府および言論の隠蔽および縮小の現実と、韓国のセウォル号問題が直面している現状は非常に似ているといえる。

さらに、2015年に韓国社会をウイルスの恐怖に追い込んだ「MERS事態」でも、国家の防疫システムは作動せず、そのレベルはアマチュアの水準であった。国民の生命と財産を保護できない国家に、その存在理由はどこにあるのだろうか。国民は、国家の存在理由にすら懐疑的になってしまった。

しかし、朴槿恵政権は、時代錯誤的な歴史教科書の国定化だけは全国家システムを動員して一方的に推進している。保守言論さえも、少数の独裁国家でのみ実施されていると批判する歴史教科書の国定化は、ひとえに朴槿恵大統領の意志だけがその唯一の理由という指摘がされるほど、推進理由およびその背景に対する当局の説明がない。もしかしたら、現行の歴史教科書は左寄りなため、新しい歴史教科書をつくり、未来の世代の歴史認識を保守的な内容で掌握するという陰謀があるのかもしれない。しかし、そのような陰謀も、現行の歴史教科書検定システムでも十分に活用可能なのにもかかわらず、歴史教科書の国定化だけに固執していることは異常である。朴正熙政権の独裁・権威主義政治システムに復帰して、朴槿恵大統領の父・朴正熙政権の歴史を徹底的に再記述したいという意図以外に説明できないのが現実だ。匿名のまま、歴史教科書は今もどこかで記述されているだろう。あるネットの書き込みに、「大統領選挙でネットの書き込みをした国家情報院の部隊が、今はどこかで歴史教科書を書いているかも……怖い～」とあった。

第三に、労働分野は他のどの社会分野よりも深刻な問題を抱えている。現在、韓国社会の最大の社会問題は非正規職問題だ。ＯＥＣＤ基準で38％の非正規職率が発表されたが、実質的には50％以上の非正規職率であると労働団体は発表している。非正規職についている年代層のうちで青年の比率は最も高く、この影響で青年の失業率は13％台にまで増加しているなど、その副作用は非常に深刻だ。朴槿恵政権は、不足した福祉政策の財源の問題を財閥や既得権層に対する増税ではなく、公務員の年金改革や労働者の定額賃金制、解雇をさらに容易にする解雇法案を通して解決しようとしている。経済が構造的な不況および失業状況に転落しており、非正規職率が高く、労働法による権利の保障を実質的に受けられない労働階層に、新しい解雇法と定額賃金制を実施することは、死刑宣告に等しいと2大労総（民主労総と韓国労総）は強く反発している。

第四に、対外政策および対北朝鮮政策の失敗だ。朴槿恵政権は、国内政策で混乱が続いているが、政権初期は、対中および対米外交を通して高い支持率を維持していた。特に対日外交では、日本軍慰安婦問題に関して当事者主義を踏まえた解決を原則に提示していたことで、国民から期待を受けた。しかし、3年間の対日外交の原則論は、昨年（２０１５年）12月28日、日本軍慰安婦問題について日韓両政府の一方的な合意でその幕を閉じたことにより、日本軍慰安婦当事者および国民の反感を買った。また、対中・対米外交の均衡外交は、今では対米外交に傾き、北朝鮮の核実験以降、ＴＨＡＡＤ（サード、高高度防衛ミサイル）配置など朝鮮半島の国益を長期的に侵害しうる対外政策を具体的な検討もなしに推進する様子さえもみられる。さらに、北朝鮮に対する「信頼プロセス」という制裁と対話の「Two Track（ツートラック）戦略も結局、北朝鮮から実質的で具体的な変化を引き出せず、第４次核実験とミサイル発射以降、開城公団の閉鎖など強硬策に転換して、朝鮮半島の危機状況を高めさせたという批判を受けている。

上述した朴槿恵政権の各分野の政策は、すでに李明博保守政権の5年間に実施された政策の延長にすぎない。李明博政権の時期、財閥中心の経済成長政策と福祉政策の縮小が行われ、対北朝鮮強硬政策は、太陽政策など融和政策で培ってきた南北信頼関係を崩壊させた。また、法治主義の名で強行した公権力と大統領権限の濫用は、民主主義と言論の自由を急激に後退させる要因になった。朴槿恵政権は、このような保守政策をさらに加速し、特に労働分野において青年の失業と非正規職問題の放置、解雇法の一方的な推進など、労働者を犠牲にして経済成長のモデルをつくった父・朴正熙独裁政権時代のモデルをそのまま再現しているにすぎない。これらの意味からも、4・13総選挙は、李明博5年、朴槿恵3年の保守政治8年間の失敗した政策に対する国民の厳しい審判であり、有権者「革命」だったといえる。

6　4・13有権者の選挙革命を実現した4つの特徴

4・13総選挙でメディアの報道や世論調査結果とは反対の劇的な選挙結果をもたらした主な理由は、次の4つに要約できる、⑴**若い層の怒りの投票（Angry Young Voter）**、⑵**首都圏中産保守層の反与党の投票**、⑶**伝統的な地域政治の亀裂**、⑷**有権者の戦略的な選択**、である。

（1）若い世代の怒りの投票――Angry Young Voters

資料6でみられるように、年代別にみると60代以上の有権者が19回総選挙の817万人から、今回の第20回総選挙では984万人へと約170万人が増加した。2012年の大統領選挙で60代以上の高齢層で朴槿恵候補への支持が高かったことを考慮すると、今回の総選挙でも高齢層の有権者の増加は、保守与党に有利な状況だったといえる。高齢層が保守的傾向を持っているとは断定できないが、若年層に比べて安定志向的な投票行為をしているとはいえるだろう。しかし、カバー（表）の年齢層別投票率をみるとわかるように、今回の総選挙で20代は49・4％、30代は49・5％の投票率を記録している。これは19回総選挙のときより、20代では13・2％、30代では6・2％も投票率が増加している。60代以上では、0・9％の増加率にすぎないため、実質的には非常に低い投票参加だったということがわかる。

4・13選挙では、なによりも若い層の投票参加と彼らの憤怒が票に直結したとみられる。ソウル地域の大部分の選挙区で与野党が500から1000票以内の差で競いあっていたことを考慮すると、20代と30代の高い投票参加率は、与野党の候補の当落を左右していたことがわかる。

若い世代が投票に積極的に参加して、彼らが怒りを明らかにした背景は、青年の高い失業率と非正規職率にある。**資料7**は、李明博政権登場の2012年から現在の朴槿恵政権までの青年の失業率の推移を表したものである。平均すると毎年1％ずつ増加している。にもかかわらず、政府の具体的な救済対策はほとんどみられない。政府は、青年の失業について構造的な社会問題として把握するよりも、若者の努力不足の問題や正規職労働者の利益追求、労・労問題と把握することで、問題の本質を隠そうとしてきた。構造的な失業状態にある若い世代は、努力しても状況が変わらないならば、普通は政治に対する幻滅を感じて、脱政治化する傾向にある。しかし、彼らが投票に積極的に参加して、自身の問題について政治的立場を明確にしたことが、今回の選挙で与党が大惨敗し、有権者革命が起きた一番大きな理由といえる。

（2）首都圏中産保守層の反与党投票行為

ソウルは真ん中を東西に流れる漢江を境に江南、江北の2つに分かれている。江南は富裕層が居住する地

資料6　第19回、第20回総選挙における年代層別有権者数の推移
（カッコ内の数字は全人口に占める割合）

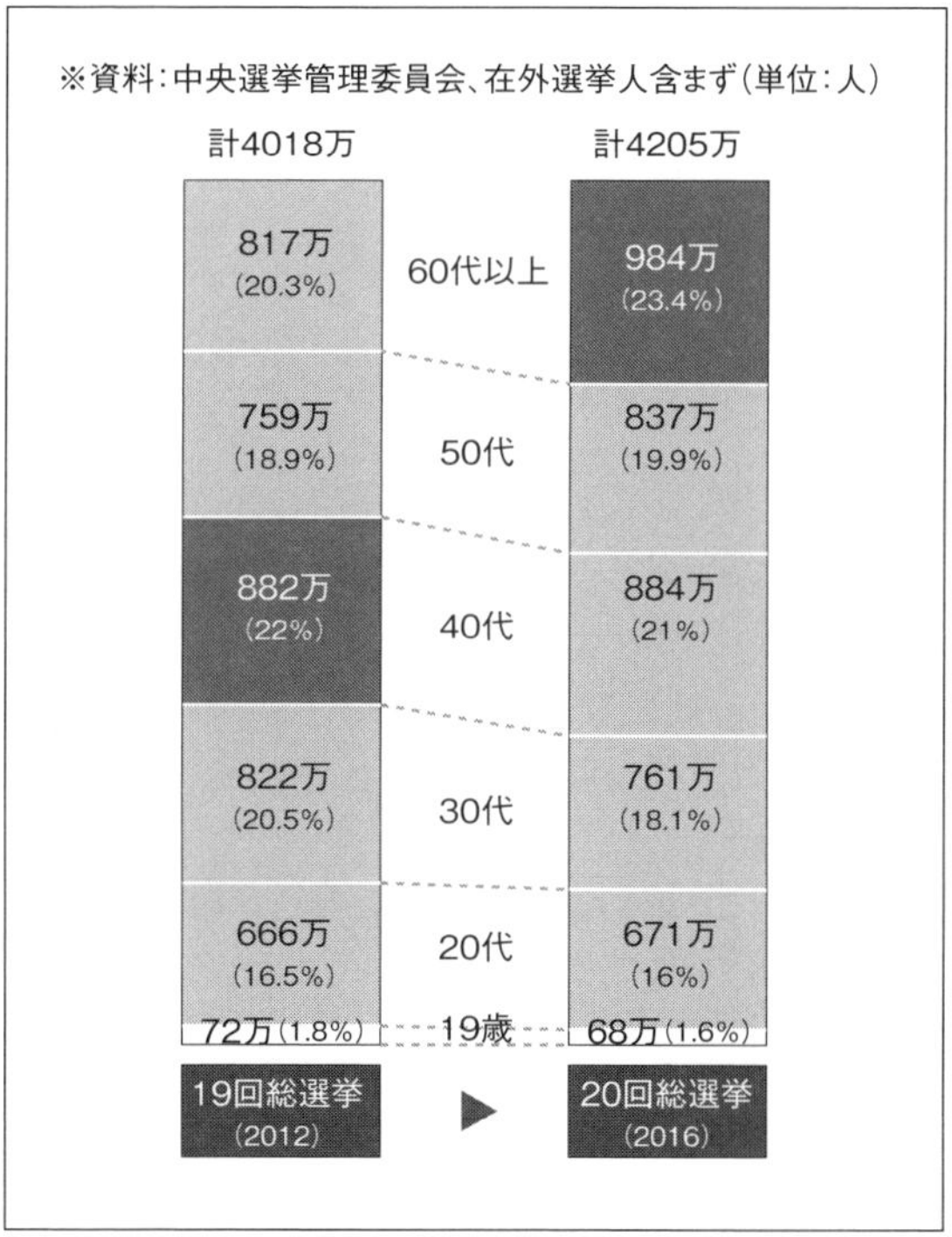

資料7　青年層（19歳～29歳）の失業率の推移

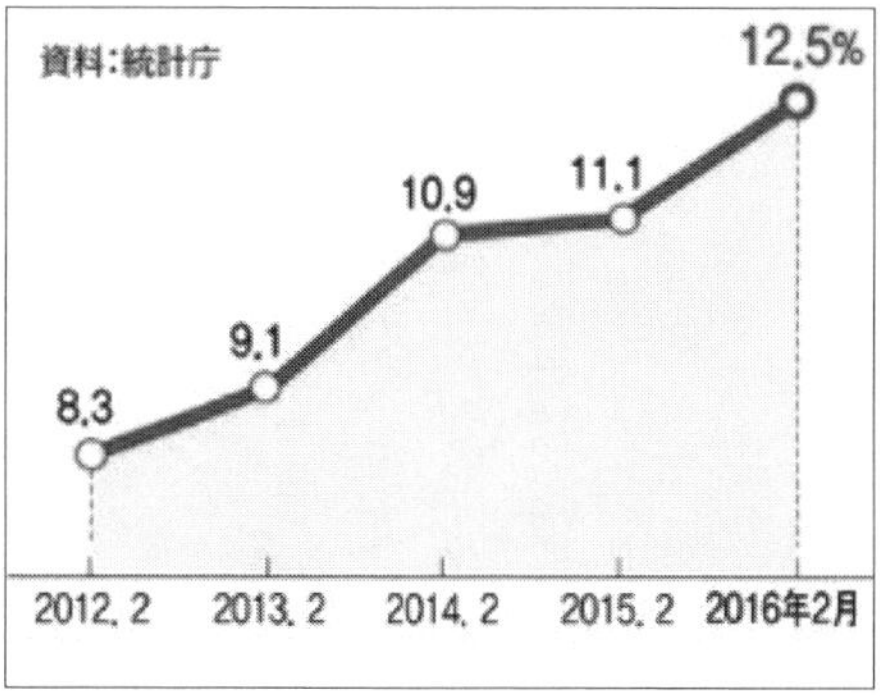

域で、江北は一般庶民が居住する地域である。ソウルは、地方から上京してきた人々が多く住んでいることから、各地方の政治的な傾向がソウルでもそのまま反映される傾向にあるが、地方よりは情報量が多く、政権の統治行為を体感することで、政権に批判的な傾向があり、リベラルな投票傾向が強いといえる。

前回の19回総選挙でも、地方は朴槿恵主導の与党への投票が多く、ソウルでは野党支持が高かった。しかし、今回の選挙は野党の分裂によって、僅差で当落が決まる選挙区が多いソウルも与党に有利で、与党圧勝の結果になるだろうという予想が支配的であった。しかし、4・13選挙では中産層の保守層が与党セヌリ党の主流保守勢力に強い反発を持って反与党の投票行為をしたことで、**ほとんどの選挙区で野党候補が僅差で勝った**。特に、江南は伝統的に保守傾向が非常に強く、民主党など野党候補がこれまで当選したことがなかった地域であったが、今回の選挙では、野党候補が3人も当選するなど大きな変化を見せた。江南地域の江南乙、松坡乙、松坡丙の地域で野党の共に民主党候補が当選している（カバー裏を参照）。ソウル地域では、野党国民の党も2議席（蘆原丙の安哲秀、冠岳甲のキム・ソンシク）を確保しており、湖南地域を飛び出して、全国政党の足がかりをつかんだといえる。

このように、保守傾向の強い江南地域で野党候補が善戦したことは、韓国の既得権層の中で、現在の朴槿恵大統領中心の保守右翼傾向の政策が中道保守の既得権層の利益にならないという判断をしたことを意味する。ソウルの伝統的な保守地域で中道保守層が野党支持を表明したことは、今後朴槿恵政権の政権運営に大きな負担となるだろう。

（3）伝統的な地域政治の亀裂——「地域感情」による投票行為の変化？

4・13総選挙で最も大きな関心は、**韓国の根深い地域感情を基盤とする投票行為に変化が起きたのではないか**という解釈である。韓国の選挙は、87年民主化運動以降金大中と金泳三の分裂によって、光州と全羅道は金大中を、釜山と慶尚道は金泳三を支持する「地域投票」の傾向がみられた。90年、釜山を中心とする金泳三と大邱を中心とする盧泰愚大統領の保守勢力が合体して民主正義党を創設すると、大邱を中心とした慶尚北道、釜山を中心とした慶尚南道地域は与党の票田になった。

以降、大統領選挙と総選挙では、全羅道は民主党の野党候補を、慶尚道は与党（民主正義党→新韓国党→ハンナラ党→セヌリ党）候補を一方的に支持する地域感情型投票行為が構造化した。これは、韓国政治の最も大きな問題として指摘されてきた。斬新で改革的な候補でさえも、「地域投票」という構造の中では一人の努力で当選するのはむずかしい。与野党はこのような地域構造を選挙で戦略的に活用して、選挙になると地域感情をあおり、相互対立と差別を引き起こし、自分の党に有利な投票行動を誘導した。その弊害は、**「亡国の病」**と呼ばれるほど深刻なものとなった。

盧武鉉は、釜山出身で金泳三大統領の推薦によって釜山地域で国会議員に当選した。しかし、その後、金泳三大統領が軍事勢力に基づく保守与党（民主正義党）と統合すると、彼はこれに合流せず、反対側陣営の全羅道を基盤とする金大中の民主党に合流した。盧武鉉は、その後、ソウル政治の一等地である鐘路で当選して、政治家の道が開かれた。彼は地域感情の壁を越えようとして、それまで与党の票田である釜山で2回も落選し、結局地域感情の壁を越えられなかった。むしろ、釜山地域での彼の落選は、反対側の湖南地域で盧武鉉を支持する背景になり、彼は自身の出身地である釜山地域よりも、釜山と対立している湖南地域の支持を受けて後に大統領に当選するアイロニーを演出したりもした。

このような地域感情による選挙構造が存在しているなかで、4・13の選挙で注目を集めたのは、保守の聖地・大邱で出馬した民主党所属の金富謙《キムブギョム》と、革新政治を標榜する全羅南道順天でセヌリ党候補として出馬した李貞鉉《イジョンヒョン》候補だ。金富謙は、民主党の最高委員をつとめた代表的な野党の政治家だ。彼は保守の聖地と呼ばれる大邱で2度も落選しながら、今回も大邱で出馬し、今回は圧倒的な支持を得て当選した。保守の心臓部で戦後初めて野党の旗を掲げた政治家としてメディアの注目を集めた。

金富謙は、民主党内では、親盧武鉉派と親金大中派のどちらにも属さない中立的な立場にある。彼の大邱での当選は、単に1議席の確保という意味よりも韓国政治の根深い慢性病の地域感情の壁を越えたという点で高い評価を受けている。今後、民主党内の党権再編でも大きな影響力を持ち、場合によっては次期野党の大統領候補として注目を受ける可能性もありうる潜在力を持っている。

一方、**民主党の地域革新政治の中心都市である全羅南道順天では、セヌリ党出身の李貞鉉候補が再選**された。2014年7月、補欠選挙で当選した直後から民主党の票田の全羅南道地域で戦後初めて与党候補が当選した点で、李貞鉉候補は高い関心を集めた。親朴系列に分類される李貞鉉は、与党大惨敗という最悪の状況の中でも再選に成功した。今回の選挙で住民は、地域に対する彼の愛情と気さくな性格、そして地域発展に対する努力を非常に高く評価した。彼の再選は、人物や政策的努力よりも地域を基盤とし、中央の方針にしたがって投票をしてきた地域が、変化を選択しても発展が可能だと新しい決心を植えつけた点に意味がある。

大邱の金富謙と順天の李貞鉉の当選は、今回の投票行為が地域感情によらず、変化を模索する斬新さがあり、誠実な候補に対する地域住民の評価が可能だという新しい可能性をみせてくれた。これ以外にも、全羅北道全州で初めてセヌリ党の鄭雲天《ジョンウンチョン》候補が当選し、釜山地域でも複数の野党候補が当選した。このような地域政治の変化により、**4・13選挙が韓国の頑固な地域感情の政治構造に意味ある亀裂をもたらした**ことは否定できない。今もなお地域を支持基盤とする韓国の政党構造が主流をなしている現実の中で、彼ら当選者の新しい実験がどのように展開されるのか、地域を越えて政策と能力を優先視する政党構図へ変化するのか、その可能性に期待したい。

（4）有権者の戦略的な選択がもたらした4・13政治革命――「算数を数学で解いた」

野党が分裂すると与党が圧勝するということは、小選挙区制ではだれでも予測できる算数的な公式だ。野党の分裂が非常に深刻であり統合が不可能な状況で、また革新系や保守系の少数政党まで含めれば、最大15の政党が投票用紙に登録されている。大概５００票から１０００票差で当落が決定される小選挙区制で野党が分裂するのは、その背景に巨大与党の登場があることは、日本と同じである。しかし、今回の選挙で有権者は、**小選挙区では、反与党の立場から当選可能な野党候補を戦略的に選択した**。主として、第3党である国民の党や正義党などを支持した。その結果、2大政党体制に対する問題提起をし、共に民主党とともに野党の比例代表議員数を増やすことに寄与した。

全羅南道順天・李貞鉉（セヌリ党）

慶尚北道大邱・金富謙（共に民主党）

当選者数では、共に民主党が１２３議席、国民の党が38議席を獲得した。議席数では、共に民主党は国民の党に比べて4倍近くを獲得したが、**比例代表での支持率は、国民の党26・74％、共に民主党25・54％**で、実質的な政党支持率では、第1野党の共に民主党より第2野党である国民の党が高い支持を受けた。

野党の競争は、野党の自滅で与党が漁夫の利を得ると予想されたが、有権者は、小選挙区では支持しない政党でも当選可能な野党候補に投票し、比例代表では自身の支持政党に投票することで野党の比例代表当選者を増やした。野党の競争がむしろ投票参加を促し、野党の圧勝をもたらすという意外な結果となった。特に、このような戦略的投票を首都圏の20代と30代の若い有権者層が実行した。当選可能な野党候補と比例代表の支持を明確に区別することで、５００票前後の差で当落を分けた。15票という最少得票数の差で当選したところも、若い層の投票参加が高い選挙区だった。

若い世代のなかで**「ヘル（Hell・地獄）朝鮮」**と呼ばれるほど絶望的な韓国社会の中で、有権者は最善の選択肢を求めることはできなかった。彼らが政治に幻滅して、非政治的行為、または反動的政治行為をする可能性がなきにしもあらずだった。しかし、彼らが1票で社会と国家と現在の状況を変えることができるという力を信じたことが、戦略的な投票行為につながり、保守政権への審判と野党の圧勝という選挙結果をもたらしたのだ。つまり、**「野党の分裂が選挙の勝利をもたらした」**という新しい公式が誕生したのである。これは、野党の選挙戦略が作り出した結果ではない。有権者の積極的な投票行為と戦略的な判断の総合的な結果だ。この意味で、**４・13選挙は有権者の選挙革命だった**と規定してもいいだろう。

さらに、この４・13有権者の選挙革命は、一度の選挙結果として終わるのではなく、これからの韓国政治の基本構造を変えるターニングポイントとして位置づけられる蓋然性が高い。韓国の市民社会は、２大政党政治が保守的な政治構造を生み出していることに問題提起をし、第3党の出現による政治構造の変化を要求していた。今回の投票の中で、高齢者と若い世代の世代間の投票行為の差もあり、地域感情の選挙構造にも亀裂がみられている。長い間、民主化運動勢力は全羅道とソウルを支持基盤とした野党共に民主党に影響力を行使してきた一方で、保守勢力は、慶尚道地域を中心とした与党セヌリ党を支持していた。しかし、今回の４・13総選挙では、合理的な中道保守層が大幅に成長したことで、民主対反民主、保守対進歩というイデオロギーの極端な対立構造となっている韓国政治の基本構造に新しい変化が起きた。結論として、４・13総選挙は、87年民主化大抗争以降、約30余年にわたり韓国の政治や社会を支配してきた民主対反民主という二項対立の政治構造を選挙民主主義で変えた、もうひとつの政治革命であったといえる。

7　大統領選挙をめぐる野党の正統性論争と光州の選択

（1）民主化運動勢力の世代・地域・思想の分裂現象

4・13総選挙で、野党と民主化運動陣営は表向きには勝利したものの、内情としては**容易には回復できない、大きな傷をお互いに負ってしまった**。まず、韓国民主化運動勢力の分裂現象である。湖南と呼ばれる全羅道地域は、従来の支持政党である共に民主党に対する支持を撤回して、中道保守傾向の国民の党を圧倒的に支持して、独自な政治勢力化を図った。これは、団結をなによりも大事にしてきた韓国の民主化運動勢力が湖南地域勢力を中心とする国民の党と、ソウルおよび釜山などそれ以外の地域を中心とする共に民主党とに、公式に分離したことを意味する。

次に、民主化運動勢力の分裂は、民主党内の二つの軸を形成していた**金大中派と盧武鉉派の分裂**だともいえる。今回の選挙では、共に民主党から離党して国民の党に集まった親金大中派と、共に民主党に新しく結集した親盧武鉉派、ということで民主化運動勢力の明白な分離があった。しかし、単純な分裂でなく、ポスト金大中とポスト盧武鉉をめぐる世代交代の現象もみられる。千正培を中心としたポスト金大中の勢力は、金大中の政治基盤を利用して独自な中道保守の道を歩こうとしている。一方で共に民主党でも、親盧武鉉を標榜してポスト盧武鉉を率いる新しい勢力が登場するだろう。文在寅-金鍾仁の選挙前の協議（密約？）の中で生まれた共に民主党は、実質的には「ノッパ」（注・노빠・90年代初期、アイドルを追いかける女子学生の集団をオッパ部隊という。盧武鉉を無条件に評価する人々を指す）を排除して（人気はあるが、公認か

ら排除されたソウル地域の鄭清来《ジョンチョンレ》議員)、実質的には親文在寅派を大量に推薦したと理解できる。

一方、**民主化運動勢力の階層間および世代間の分裂現象**も明白に現れた。国民の党と共に民主党の分裂は、湖南地方の庶民を中心とした国民の党と、都市中産層を中心とした共に民主党の階層間の分裂をも意味した。さらに、この両党の分裂は、民主化運動の世代間の分裂を意味した。国民の党は、光州5・18抗争をはじめとする民主化運動を主導した中高年中心の既成勢力が主軸だ。一方で、共に民主党の中核には李明博大統領の時代、アメリカ産牛肉輸入反対キャンドル行動に代表される、いわゆるキャンドル世代がいる。これは、盧武鉉大統領に共感し、その自殺にショックを受けた盧武鉉世代ともいえる。

(2) 両野党の正統性論争と大統領選挙への影響

4・13総選挙以降、2つの野党が新しく誕生した。一つは民主化運動の聖地、光州の支持を引き出した国民の党と、光州以外の地域の支持を引き出した共に民主党という新しい野党だ。両党は相互に競争をしながら、伝統野党としての正統性を主張し、対立と協力を繰り返すとみられる。また、そのなかでは、来年の大統領選挙の「潜竜」(潜在的な大統領候補という意味)と呼ばれている人々の競争がさらに激しくなっていくだろう。その「潜竜」の総選挙以後の展望をみてみよう。

第一に、共に民主党の場合、大統領候補1位だった文在寅は、今回の選挙で最大の被害者だったといえる。彼は保守陣営のアイコンである金鍾仁を野党代表として迎え入れて、党再建に貢献した。しかし、選挙期間中に光州および全羅南道地域では、その金鍾仁を迎え入れたことについて厳しい批判を受け、その地域からの支持を得ることができなかった。投票の5日前の4月8日、文在寅は選挙運動のなかで、初めて光州を訪問し、光州の支持を得ることができなければ、大統領選に出馬せず政界を引退するとまで宣言したが、最後まで支持を得ることができなかった。

総選挙の結果が出た直後、金大中元大統領の三男・金弘一《キムホンイル》とともに木浦の荷衣島《ハイド》にある金大中の生家を訪問し、光州および全羅道地域での支持を得るために姿を見せたが、これといった成果がみられなかった。しかし、文在寅は光州および全羅道地域以外のソウルおよび釜山地域で、その影響力が改めて確認されるなど、五分の勝利と五分の敗北といえる。

第二に、共に民主党の選挙の総責任者であった金鍾仁は、当初目標の109議席を越えて130議席以上の結果をもたらしたことで、総選挙勝利の立役者であったことは否定できない。金鍾仁の共に民主党内での影響力はさらに拡大していくであろうし、中道保守を吸収できる彼の経済民主化政策の基礎を維持しながら、今後も共に民主党は金鍾仁のイメージを活用する可能性が高い。

一方、金鍾仁と文在寅の党権をめぐる葛藤はさらに激化するであろうし、選挙前の2人の間での密約（党権は金鍾仁、大統領候補は文在寅？）がそのまま守られるかは疑問だ。すでに選挙直後、次の党代表の選出方式をめぐる2人の会談は、決裂に近いほど雰囲気は冷ややかだった。このような2人の対立の中で、朴元淳ソウル市長を中心とした市民派と、保守の聖地・大邱で当選した金富謙、ソウル鐘路で65歳で当選した民主党の元院内代表鄭世均《ジョンセギョン》など、第3の勢力が党権掌握に登場する可能性もある。

第三に、国民の党の安哲秀は、新党を創設して1か月も経たないうちに40近い議席を確保したことで大きな「戦果」をあげた。総選挙前の安哲秀に対する否定的なイメージ――決断力不足、政策の具体的なビジョンの欠如、分裂のアイコン、保守からのスパイ?など――をある程度希釈させて、来たる大統領選に挑戦できる新しい政治的チャンスを得たといえる。今は支持基盤が湖南地域に限定されているが、ソウルでの自身の選挙区を含めて足がかりを確保したことは確かである。湖南以外の地域でどれだけ支持基盤を広げられるかに安哲秀の政治的生命力がかかっているといえる。

光州および湖南地域が安哲秀の国民の党を全面的に支持したとしても、安哲秀を大統領候補として支持するかどうかについては、いまなお疑問が残る。安哲秀支持層には、保守層と与党支持層が相当数含まれている。今回の総選挙でも、安哲秀の国民の党は野党の分裂をもたらすと予想されていたが、実際には与党および保守層の支持を引き出した。

このような安哲秀の政治傾向について湖南地域の支持が必ずしも絶対的でなく、湖南の政治的立場を高めるための政治利用として安哲秀支持を表明している側面を考慮すると、安哲秀の政治的影響力は限界があるといえる。国民の党は、進歩というよりは旧民主党および旧金大中派の地域保守勢力の結集体で、民主化および進歩勢力とはいえないほどの保守集団だと批判することもできる。国民の党と安哲秀の保守政策について光州および湖南地域がどのように判断するかは、今後具体的な政策が実現されるなかで判断していくしかないのが現状であろう。

はっきりといえることは、今回の総選挙の経験を通して、大統領選挙で野党候補の一本化が容易でないという点だ。野党候補の分裂がむしろ野党支持有権者の選挙参加の拡大をもたらしており、場合によっては中道保守の支持を拡大したという点で、野党候補は現在の共に民主党と国民の党から同時に大統領選挙に出馬する可能性が高い。彼らは候補一本化よりも、フランスと同じ決選投票制を通して候補一本化を目指す可能性が高いとみられる。ところが、現行憲法体系の中で決戦投票制を実現するためには、憲法改正が必要である。このような側面からいうと、87年以降維持されてきた87年民主化憲法に対する改正の声が高まるとみられる。

（3）光州の選択は革命か、裏切りか？ 光州が文在寅を捨てた3つの要因

4・13総選挙の分析で最もむずかしい部分は、いわゆる光州および湖南地域が民主化運動勢力の主流とす

る共に民主党や大統領候補の第1位にあげられている文在寅支持ではなく、保守のイメージさえついている安哲秀を中心とした国民の党を選択した理由にある。光州地域の文在寅に対する拒否反応は激烈で、その理由はおおむね3つある。

第一に、文在寅代表の湖南差別に対する根深い偏見と不満だ。光州および湖南地域は、盧武鉉大統領時代から湖南地域出身が冷遇され、また共に民主党内でもノッパによって排除された湖南地域の議員らが脱党したことなど、地域差別に対する不満から逆に地域優先主義に固執するようになったといえる。盧武鉉政権および民主党内部での湖南地域出身者の排除に、大統領秘書室長の時から文在寅が関与したという主張である。さらに、文在寅は、2000年6月の第1回南北首脳会談の実現のための対価として金大中政権が秘密資金を北朝鮮に支払ったという疑惑について、当時特別検事の捜査を要求する保守層の強いつきあげがあった際に、盧武鉉大統領は拒否権を行使しようとしたにもかかわらず、大統領秘書室長の文在寅がこれを容認した。その結果、退任した金大中大統領に不名誉をもたらしたという主張もある。

第二に、文在寅代表が迎え入れた非常対策委員長金鍾仁に対する光州および湖南地域の厳しい評価である。金鍾仁は、全斗煥政権時期の80年5月光州事件の鎮圧を主導した国家保衛非常対策委員会の委員であり、光州虐殺に直接的な責任があることは事実だ。光州および湖南地域は、光州精神を毀損する反民主的な人物の金鍾仁を受け入れられないことから、彼を党代表として連れてきた文在寅に反対したということだ。

文在寅は、総選挙の勝利のために金鍾仁のような光州虐殺に責任がある人を代表として連れてきた反面、自身は投票5日前の4月8日、光州5・18国立墓地に来て、跪いて光州精神を継承するという姿をみせた。そのパフォーマンスに光州および湖南地域の人々は彼に二重の姿勢を見せる既存政治家と違いがない、偽善的な行為だと批判した。言い換えると、光州を政治的に利用している文在寅の行為に対して光州市民が光州精神で文在寅を審判したという主張だ。

第三に、文在寅では来たる大統領選挙で、決して勝てないという必敗論だ。文在寅には、金大中や盧武鉉のような、闘う現場で身を挺して自身の政治的基盤を固めた強いカリスマ性とリーダーシップが不足しているというのだ。総選挙で当選した大邱の金富謙や順天の李貞鉉でさえも、敵の心臓部ですべてを投げ出し熾烈な政治家の姿をみせたのに対して、盧武鉉大統領秘書室長と盧武鉉財団理事長を務めた文在寅は、人格はいいのだが、強いカリスマ性が要求される韓国政治のリーダーとしては、力不足という点だ。前回の大統領選挙で光州および湖南地域は、文在寅の出身地域よりもさらに高い、ほとんど100％の支持をしたが、結局大統領に当選できず、むしろその後の党運営の中で盧武鉉支持者を優先して、湖南勢力を差別したと指摘されている。

これ以外にも、光州および湖南地域の一般の人々の文在寅に対する批判の声は多い。このような認識には保守メディアの影響、地域主義の産物、真の光州精神の背信というさまざまな側面から批判することができるだろう。しかし、その理由が何であろうと、光州および湖南地域の文在寅に対する不信は非常に根が深く、その壁は厚いということは否定できない事実だ。

まだ終わっていない光州の選択

選挙運動初期に、光州地域の安哲秀および国民の党支持は、野党の分裂をもたらし、セヌリ党を中心とした保守陣営の圧勝を招き、これは光州の民主化精神を裏切る結果になると、進歩的なメディアでさえも光州の選択を批判した。しかし、光州および湖南の第3党に対する支持は、野党競争の構図をつくりながら、与党惨敗および野党の勝利という結果をもたらしたことは否定できない。もちろん、団結して候補一本化をしていたら、勝利できた選挙区がもっと多かったかもしれないという選挙分析もある。ところが、野党の分裂をそれほど憂慮するのであれば、文在寅は民主党の代表として、湖南の選択を罵倒せず、安哲秀および湖南勢力の脱党を最後まで引き留めて、野党候補を一本化するリーダーシップを発揮しなければならなかったという指摘にも一理あるようにみえる。

革命の都市、光州の選択は保守的な地域政治なのか？　革命政治への背信なのか？　そうではないのなら、新しい政治革命のための戦略なのか？　これらの問いについて判断することはむずかしい。しかし、今回の選挙で見逃してはいけないことは、湖南地域に対する差別がそれほど大きく改善されなかったという点だ。ソウル地域と釜山および慶尚道地域で共に民主党への支持が増加したことは、光州および湖南地域が共に民主党を支持しないことによって、伝統的な民主党の中心勢力から排除されたことから、他地域や他階層の支持を引き出すことが可能だったことは確かであるといえる。光州および湖南地域の色が残っている共に民主党に対して、中道保守層や湖南以外の地域がどれだけ支持を表明できただろうか。

構造的な差別対象の地域が自身の生き残りのために新しい防御戦略を選択したとき、私たちは彼らの選択を変節したと単純に判断することはむずかしいだろう。沖縄の自己決定権に基づく独自路線を地域利己主義だと簡単に罵倒できないように、光州の新しい選択もまた、構造的な差別に対する自己決定権の一環として理解する広い視野も必要だろう。「いつまでも光州にだけ革命光州の神聖性を背負わせて、その純粋性を要求することは、韓国民主主義運動の中のもうひとつの差別構造だ」という指摘は、深く省察しなければならない。

しかし、光州および湖南の選択が戦略的なのか利己主義なのかは、今回の選挙結果よりも来年の大統領選挙を視野に入れた長期的な観点で判断しなければならない。重要なことは、文在寅と共に民主党が来たる大統領選挙での政権交代と、韓国の民主化運動の持続のために、光州および湖南地域からどのようにして信任を回復するのかという課題を相互が解くことだ。この課題が解けない限り、次の敗北はすでに決まっており、その敗北の後遺症は長期にわたって韓国社会を苦しめる構造的な矛盾として残るだろう。

(4) 革新政党の挑戦は失敗なのか?

4・13総選挙で民主化運動勢力の分裂と同じくらい惜しいことは、革新政党の登場が大きな成果を出せなかったことだ。今回の選挙では、共に民主党や国民の党だけでなく、正義党、労働党、緑の党、民衆連合党が選挙に出馬した。

正義党は、新しい第3党の国民の党の出現と霧散という悪条件のなかで、前回の5議席より1議席増えて6議席を確保するにとどまった。正義党は、看板スターの労働運動家出身の沈相奵《シムサンジョン》常任代表と魯会燦《ノフェチャン》前代表が進歩政党としては初の3選に成功という結果を出したが、この2人以外の地域区では当選なしという限界も見せた。政党支持率も当初目標の10%にはとどかず、**7・2%の得票率**で4人の比例代表を確保するにとどまった。

前回の19回総選挙で統合進歩党は11%の支持率を確保し、地域区7人と比例代表6人の計13人が当選する結果をだした。これは野党の民主統合党と候補一本化を通して成し遂げた成果でもある。

文在寅と金鍾仁は、共に民主党内の386世代出身の国会議員を排除して、中道保守の政党として拡大改編しようとする戦略をたてた。中道保守政党への変身は、与党セヌリ党支持層の一部を吸収して、安哲秀を代表とする国民の党に対する影響力も遮断できる効果を期待したといえる。この戦略は実質的な効果もあり、共に民主党は中道保守層の支持を受けるようになった。

共に民主党が中道保守を代弁する中道政党として変貌することは、韓国の政党構造を少数派の極右保守政党、多数派の中道保守政党、革新政党の3党構造に改編することで、革新政党に有利な局面がつくられるという期待があった。しかし、革新政党が占めるべき第3党のポジションを国民の党というもう一つの新しい中道保守政党が代替することで、正義党および群小革新政党の立場が狭くなってしまった。4・13総選挙で

群小革新政党ー正義党

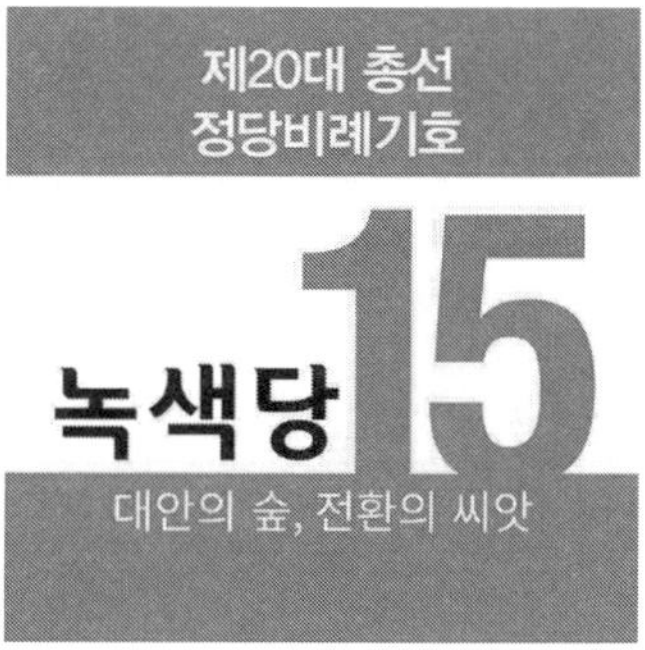

緑の党

の野党分裂の最大の被害者は正義党だったという指摘も一理ある。

今回の総選挙で正義党を除く進歩（革新）政党の場合、１人も国会に送ることができなかった。群小革新政党の場合、比例代表を１議席でも確保することが総選挙の最大の目標だった。**緑の党**に対する比例代表の期待が高かったことは、新しい政治革新に対する期待でもあった。しかし、**緑の党は０・76％、民衆連合党は０・61％、労働党は０・38％**を得るにとどまった。正義党を含めて進歩（革新）政党の合計得票率が２ケタにならなかったことは、前回の19回総選挙に比べて進歩政党運動は数字上では後退したといえるかもしれない。

両野党の分裂だけでなく、進歩政党運動の分裂状態は韓国民主主義運動においてかなり深刻な問題である。２０１２年19回総選挙以降、統合進歩党の中で党権や路線対立、そして北朝鮮との距離問題をめぐる進歩運動の分裂と、２０１４年12月に憲法裁判所による統合進歩党の解散を経験した韓国進歩運動陣営は、今回４・13総選挙の経験を通して、第３党が存在する現実の中で、どのように新しく再編をして、保守政治の代替勢力として登場するのか、重い課題に直面しているといえる。

8　長期混乱に陥った保守政党と朴槿恵政権

（1）保守セヌリ党に対する影響

4・13総選挙で執権与党が惨敗したことで16年ぶりに「与小野大」政局が実現した。今回の4・13総選挙の結果が与党および朴槿恵政権に与えた衝撃は、測りきれない状態である。選挙が終わって1週間が過ぎた時点で、セヌリ党も大統領府もまともな声明文1枚出せないほど、そのショックは深刻だといえる。総選挙直後、金武星を中心とした指導部は総辞職をし、院内代表を中心とする非常対策委員会設置を提案したが、公薦波動の責任者が再び指導部に就くことに対する内部批判に直面して非常対策委構想も中止された。

何よりも、今回の総選挙で鐘路から出馬した元ソウル市長の呉世勲をはじめとする次期セヌリ党のリーダーとして挙げられていた人物がことごとく落選したことで、選挙の敗北を収拾する人物がいないことにも表れている。また、総選挙の敗北をめぐって親朴、真朴、非朴の間で責任のなすりあいの様相もみられず、国民の審判に対する反省もみられないというメディアの批判のネタにもなっているなど、敗北の後遺症は非常に深いとみられる。

結局、セヌリ党は5月3日、新院内代表に忠清道地域出身の親朴系列の鄭鎮碩《ジョンジンソク》議員を選出した。セヌリ党は、大邱と釜山を代表する親朴と非朴の主流勢力を排除して、忠清道地域の穏健派を登場させることで、一定期間は内紛を収拾することに専念するだろうとみられる。

（2）朴槿恵政権に対する影響

4・13総選挙では、青瓦台（大統領府）と朴槿恵大統領が直接指揮したという点から、選挙敗北に関して

資料８　保守世論からの朴槿恵政権批判『東亜日報』(2016 年 4 月 14 日)

'박근혜 정부'에 대한 각계 원로 및 전문가들의 제언

김황식 전 국무총리
"정치지형이 변했다. 야당과 적극 대화하고 타협하는 노력이 필요하다."

이진강 전 대한변호사협회장
"대통령에게 민의를 제대로 전달하지 못한 부분에 대한 인적쇄신이 필요하다."

김형준 명지대 교수
"대통령 혼자 결정하는 국정운영 스타일을 바꿔야 한다."

김용철 부산대 교수
"대표적 정책이 성과를 낼 수 있도록 속도를 내야 성공한 대통령으로 기억될 수 있다."

「朴槿恵政府」に対する各界元老および専門家の提言
キム・ファンシク（前国務総理） 「政治志向が変わった。野党と積極的に対話して妥協する努力が必要だ」
イ・ジンカン（前大韓弁護士会会長） 「大統領に民意をそのまま伝えられない部分に対する人的刷新が必要だ。」
キム・ヒョンジュン（明智大教授） 「大統領が一人で決定する国政運営スタイルを変えなければならない」
キム・ヨンチョル（釜山大教授） 「代表的政策が成果を出せるように速度を上げれば成功した大統領として記憶されるだろう」

박관용 전 국회의장
"대통령이 법을 국회에 제출하면 세일즈를 해야 한다."

김명자 전 환경부 장관
"야당이 문제가 있어도 대화하려고 노력하고 이를 국민이 볼 수 있게 해야."

손봉호 서울대 명예교수
"개각을 하되 야당이 공감할 인물을 세워야 한다. 고집을 부려선 아무 일도 안 된다."

이내영 고려대 교수
"3당 구도인 만큼 대화와 협상으로 얼마든지 법안 통과를 설득할 수 있다."

최창렬 용인대 교수
"대통령의 리더십을 바꾸고 상대방의 의견이 옳을 수 있다는 여지를 둬야 한다."

パク・カンヨン（前国会議長） 「大統領が法案を国会に提出するならば、セールスしなければならない」
キム・ミョンザ（前環境部長官） 「野党に問題があっても、対話して、この様子を国民に見せなければ」
ソン・ボンホ（ソウル大名誉教授） 「内閣改造をして野党が共感する人物を立てなければならない。意地を張れば何事もうまくいかない」
イ・ネヨン（高麗大教授） 「３党構図であるので対話と協議でいつでも法案通過を説得できる」
チェ・チャンヨル（龍仁大教授） 「大統領のリーダーシップを変えて、相手の意見が正しいかもしれないという余地を出さなければならない」

朴槿恵大統領の責任が誰よりも大きいといえる。さらに、朴槿恵大統領の政治スタイルを考慮すると、今回の選挙は国民の朴槿恵政権に対する審判だったと謙虚に受け止めて、政策の根本的な転換を図るのはむずかしいだろう。総選挙直後、青瓦台スポークスマンが公式記者会見で「新任国会議員らは、一生懸命努力することを望む」と発言したことは、大統領府は国政運営の乱脈が朴槿恵大統領の政治スタイルや政策の失敗だというより、与野党国会議員の無能と無責任によるものであると認識しており、あまり変化がないことがわかる。

「与小野大」政局が実現したことで、朴槿恵政権は経済およびさまざまな社会政策に関して自らの力による実現がむずかしい局面になった。**野党の協調なしには、朴槿恵政府が重点事業として推進してきた労働改革とサービス産業発展基本法など経済法案の通過は非常にむずかしくなる**だろう。同時に、現政府が推進してきた、いわゆる「創造経済」は実質的な結果を出すことができず、危機に陥った。

大統領府が選挙以降、公式の声明文を発表していないことは、朴槿恵大統領が衝撃を克服するのに時間がかかっているためだとみられる。しかし、朴槿恵大統領の政治スタイルを考慮すると、時間が過ぎても、野党と妥協し政策を推進するよりは、与党内の親朴と真朴議員を中心とした党権掌握と彼らを前面に出して、保留された労働政策とサービス産業発展基本法などを正面突破する可能性が高い。

次の大統領選挙まで1年半という任期が残ったが、朴槿恵大統領が「与小野大」の意味を受け入れて残りの任期の間、平和な政権交代のために最善を尽くせば、朴槿恵政権に対する国民の評価も変わるであろうし、韓国社会の民主主義も再び軌道に乗るだろう。しかし、政権維持に対する欲望と特定勢力の利益だけのための政権運営が継続される場合には、残りの任期は野党と国民の新たな抵抗に直面するだろう。

資料8は、選挙直後に保守系新聞『東亜日報』に掲載された朴槿恵政権に対する評価だ。投票翌日の天候はたまたま霧がかかり、青瓦台の様子は前がよく見えなかったが、総選挙敗北以後、展望がまるで不透明な朴槿恵政権の状況をうまく表現している。

朴槿恵大統領の一方的な政治スタイルは、保守陣営内でむしろ危険だと指摘されている。総選挙以降、保守主流を代弁している『朝鮮日報』、『東亜日報』、『中央日報』などが、野党傾向の新聞であるかのように朴槿恵政権を辛辣に批判している。これらの保守新聞は、保守右翼を代弁する朴槿恵を捨てて、新しい中道保守陣営の中心勢力を構築する戦略に乗り出している。朴槿恵政権の末期が、韓国現代史の新たな悲劇として終わらないことを祈るだけだ。

9　あたらしい政治実験の土壌を構築した4・13総選挙

（1）懸案の社会運動の担手が国会進出

4・13総選挙は、「与小野大」政局による懸案課題に対する政策的変化が可能になっただけでなく、中長期的に韓国政治の新しい変化の土台をつくったという点で非常に重要な選挙だった。**第一に、セウォル号沈没事件の真相究明調査がもう少し実質的に遂行されるだろう。**２０１４年11月に制定された「セウォル号惨事真相究明および安全社会建設などのための特別法」（以下、セウォル号特別法）に基づいて、「セウォル号惨事特別調査委員会聴聞会」（以下、セウォル号聴聞会）が2回に分けて開かれた（第1次：２０１５年12月14日～16日、第2次：２０１６年3月28日～29日）。

しかし、保守的な委員の妨害で、真相究明調査は体系的に進められず、セウォル号特別法はセヌリ党の反対で真相究明調査委員会が告発できない状態で実質的な調査が行われずにいた。新しい国会が始まると、共に民主党と国民の党は、セウォル号事件真相究明のための特別委員会の延長を含めて、調査委員会の権限を強化した改正案を提出する予定である。今回の総選挙でセウォル号事件を担当してきた朴住民《パクジュウミン》弁護士（共に民主党、ソウル）が当選したことは、大きな成果だった。セウォル号事件の遺族が選挙運動にボランティアとして参加し朴住民弁護士を国会に送ろうと努力したのは、セウォル号事件が忘れられていき、真相究明が遠くなっていく危機意識からだった。次の国会でセウォル号事件に対する調査が可能なのか、注目されている。

第二に、今回の選挙で慶尚南道地域で3人の労働者が小選挙区で当選したことである。正義党の魯会燦《ノフェチャン》元代表と、無所属で労働階級の政治勢力を主張する労働者活動家2人が当選したことは、この地域の労働者の階級的な投票行為として理解される。現在慶尚南道地域では、蔚山現代企業と韓進重工業の造船業の構造調整が行われており、大量解雇が予告されている。解雇を容易にする労働法の改悪とピーク賃金制の実施で労働条件が不利になっていく状況のなかで、構造調整の対象になる地域では労働者の政治勢力化が急激に伸張していることも重要な特色だ。無所属で慶尚南道地域で当選した2人は、労働運動の革新左派系列に属する活動家という点で、彼らの当選は労働者階級の政治的な投票行為がおこなわれた意味のある結果である。

第三に、4・13総選挙で初めて脱核、脱原子力を主張する候補者が江原道東海市、三陟市を含めて18人が当選したことも特色だ。韓国の反原発運動は長い間弾圧を受けてきた社会運動だ。原子力は国策事業であり、北朝鮮に対抗する国家戦略事業という点から、原発に反対をすることは北朝鮮に利益をもたらすという論理で国家保安法の処罰対象になってきた。国策としてのベトナム派兵に対して反戦運動や派兵批判をすることが国から許されなかったように、原発反対運動も同じ状況であった。

反原発運動の活動家は国家情報院や警察の監視を受け、個別に弾圧の対象になってきた状況の中で、反原発運動が大衆化することは厳しかった。2011年3・11の福島原発事故以降、韓国の古い原発の一つである古里月城1号機の原発を停止させようと反原発運動が台頭したが、大衆的な運動に発展できず、権力と原発マフィアの共存構造のなかで、原発は故障を繰り返しながらも再稼働されているのが現状だ。

「核なき社会のための共同行動」は、今回無所属で当選した江原道東海市の李喆圭《イチョルギュ》議員を含めて、全国の原子力発電所付近にある地域で、脱原発や脱原発基本法に賛成している議員にアンケートをとった結果、脱原発法案に署名するという議員が18人に及ぶことがわかった。今後新国会で脱原発基本案が成立するのかが注目されている。

また、**4・13総選挙では、女性政治家が51人（小選挙区26人、比例代表25人）当選した**。19回総選挙に比べて、8・5ポイント増加した。比例代表としては、共に民主党が17人、セヌリ党6人、国民党2人だ。共に民主党の女性議員の場合、当選者のうち社会運動と専門領域の関係者が多いという点で女性政治家の新しい挑戦が期待されているといえる。

今回の4・13総選挙では、政治的名望性よりも、長い間地域で活動してきた**地域密着型政治家が大幅に当選した**。各政党の公認だけ受ければ当該地域で当選するという通弊が破られ、与野党の地域感情の政治構造で不利な地域といえども、長い間地域活動を誠実にしてきた人が所属政党に関係なく地域住民に認められる結果をだしたことは、望ましい国会改革の事例だといえるだろう。

（2）多様な政治実験の土壌の形成

4・13選挙で、与野党の主流勢力の有名政治家が大量落選、または公認で排除されたことで、非主流およびリベラル派の多数が当選した。彼らを中心とした各党内の派閥争いにおいて伝統的な保守主流層は弱化して、新しい非主流中心の党権競争になるだろうと予想される。

特に与野の2大政党の対立構図が弱体化され、第3党の出現による競争の中から新しい政治文化が誕生することが期待されている。ただし、今回新しく登場した第3党の国民の党はスペインのポデモス（Podemos、

２０１４年結党。「私たちはできるという意味」）のような革新政党ではなく、むしろ中道保守に近い。この点で、韓国の全般的な政治傾向は後退の傾向にあるともいえる。しかし、幅広い中道保守層が生まれたことで、両極化した対決型の韓国政治を妥協と共存の政治に変えていく政治改革の土台を確保したといえるだろう。

そのような側面からみると、４・13総選挙では、多様な政治実験の課題も示されたといえる。**小選挙区制**は、野党分裂により、巨大与党の登場を許容することもあったが、巨大与党の総取りを阻止できる制度としても可能だったという側面が確認されたことである。両刃の剣になっている小選挙区制に対する各党の政治的な検討も進むだろうとみられる。

４・13総選挙で何よりも大きな衝撃は、大部分の**事前世論調査が大幅にはずれたという点だ**。固定電話や安心番号制度によって特定個人以外に電話による世論調査ができないで、在宅の中高齢層の世論だけが反映された結果である。昼間に活動中の一般人および若者の世論が反映されなかった点は、今回の世論調査の致命的な弱点として指摘されている。４・13選挙のように若者が戦略的な投票の意志を持ち、積極的に投票行為をする場合、従来の固定電話だけを対象にした世論調査の実施は世論操作のための手段に過ぎないという批判があるなか、与野党は世論調査の方法や公表対象への検討に入るだろう。

また前述したように、４・13総選挙での経験は、来年の大統領選挙で野党の候補一本化よりは、決選投票制を通した支持率を制度的に統合する制度への改正要求が強まる可能性が高い。現行憲法の改正を通した決選投票制の導入は、同時に、５年１期に制限している大統領の任期をアメリカと同じ４年２期に変えようという憲法改正の声が大きくなる可能性もある。このような政治改革の要求は、87年憲法改正と同時に、韓国社会の新しい政治実験が始まる土台が形成されつつあることを意味する。このような側面から、今回の４・13総選挙は、韓国政治史において大きな意味がある選挙であったといえる。

3党の協力および競争体制はすでに始まっている。総選挙直後、野党は新国会で**セウォル号特別法の改正案**の提出を宣言している。セウォル号問題に関連して国民の党と共に民主党が協調することに大きな支障はないだろう。また、教育部長官の行政措置として施行されている**歴史教科書の国定化**（韓国の教育部は世論の強い反発にもかかわらず、2015年10月12日、中学高校の韓国歴史教科書の国定化方針を発表。11月3日に確定告知した）**を中止させる法案**も提出が可能だろう。国会の法案が教育部長官の行政措置より優位なため、この法案が発効すれば、韓国社会を二分している国定教科書問題の解決の道もある程度みえるだろう。また、**解雇を容易にする労働法の改正案**に対しては、経済問題を優先視する国民の党が積極性をみせている。総選挙直前、フィリバスターを誘発して、対立したまま突入したテロ防止法に関しても両野党の協力で修正案が提出される可能性が高い。日本軍慰安婦問題に関しては、両野党とも再交渉を基本原則としているが、国会決議案の水準を超えることはむずかしいだろう。この問題に関しては、次の日韓関係への影響で考えてみよう。

10　4・13総選挙と日韓・南北関係への影響

（1）日韓関係に与える影響

日本軍慰安婦問題の再交渉の問題

4・13総選挙は、外交問題についても大きな影響を与えた。特に、日韓関係で**朴槿恵政権が2015年12月28日に日本と合意した日本軍慰安婦問題**は、新しい局面へと展開されるだろう。

まず、日本大使館前の日本軍慰安婦少女像の撤去は困難になったといえる。日韓合意の裏側で少女像の撤去が条件として約束されているのかどうかは、両政府が明らかにしない限り確認することはできない。しかし、昨年12月日韓合意以降の朴槿恵政権の慰安婦問題解決のやり方をみると、与党が総選挙で圧勝した場合、7月の日本の参議院議員選挙前に少女像の撤去の可能性があった。ところが、総選挙で大惨敗したことで、政権の支持基盤をさらに弱体化させる少女像の撤去を与党が行うことは、むずかしくなったといえる。

一方、日韓合意について、共に民主党と国民の党は、表面的には日本との再交渉を要求している。野党の再交渉の要求は、日韓合意に対する国民の反感がいまなお非常に高いからである。しかし、両野党がすぐ日本との合意を取り消して、再交渉を公式に要求することは現実には不可能だ。新国会で、国家レベルで再交渉を要求する国会決議案が提出される可能性は高い。しかし、これは朴槿恵政権の外交問題責任を追及するための政治的カードにすぎないだろう。この問題は、来年の大統領選挙でも朴槿恵政権の対日政策の失敗を追及する材料にもなる。だから、日韓慰安婦問題は、韓国の来年12月の大統領選挙が終わり、新政権が日韓関係の再構築のための日韓交渉を提案する時に取りあげられるだろう。

一方、日本政府は、韓国の野党が日本軍慰安婦問題の再交渉を主張しても現在の状況では応じないだろう。むしろ、朴槿恵政権の立場が弱まることで、12・28日韓合意の結果をさらに意味あるものにしようとして、朴槿恵政権に合意の早期履行を要求する可能性が高い。日本政府からの助成金で運営される財団の運用までは問題がないだろう。しかし、日本政府の助成金がなくなり、韓国政府の助成金が必要になる場合、国会の審議が必要になることから、その性格をめぐって論争になるだろう。12・28日韓合意以降、朴槿恵政権の対日外交の影響力が急激に弱化し政策選択の幅も狭まった現状では、今後、日韓議員連盟の役割が改めて期待されるだろう。日韓議員連盟の韓国側の徐清源《ソチョンウォン》会長は、代表的な親朴派で今回の選挙でも当選した。日韓議員連盟は、12・28合意の早期履行を要求することで、日韓両政府へ働きかける可能性が高いとみられる。

植民地時期の強制動員問題の進展

日本植民地時期の強制動員被害者に対する賠償の問題は、4・13総選挙の結果、以前よりは議論の空間が少し広がったとみられる。しかし、この問題は、65年の日韓基本条約により最終的に解決済みとなっていることから、被害者らの請求権は裁判で認められず、棄却されているのが現状である。

日本企業を相手にした「強制徴用被害者損害賠償訴訟」は、1999年3月日本で始まった。ヤン・グムドクハルモニ（おばあさん）（84歳）ら勤労挺身隊被害者8人が日本の名古屋地方裁判所へ日本政府と三菱重工業を相手に訴訟を起こした。さらに、韓国の大法院に該当する東京の最高裁判所までいった末、2008年11月棄却判決を受け、最終的に敗訴した。以降、ヤン・グムドクハルモニをはじめとした強制徴用被害者は、韓国の国内法院（裁判所）に訴訟を移した。**現在、韓国の法院で進行中の強制徴用被害者訴訟は全部で11件ある。**三菱重工業・不二越・新日鉄住金（新日本製鉄の後身）など日帝戦犯企業3社を相手にしている。

2012年5月、韓国大法院の「強制徴用被害者個人の請求権を認める」という判決以降、韓国の法院は、相次いで日本企業の賠償責任を認める判決を下している。2013年7月10日、ソウル高等法院は、新日鉄住金に対して「強制徴用被害者4名に各1億ウォンずつ支払え」と、原告の一部勝訴判決を下した。この判決は、日本企業に賠償責任があることを初めて認めた裁判であった。同月30日、釜山高等法院も三菱重工業に対して「強制徴用被害者5人に総額8000万ウォンを支払え」との判決を下した。

しかし、日本企業からの賠償はいまだに全くない状態だ。日本企業は、「個人請求権は（すでに）消滅した」と、事件の上告審まで引きずっている。現在進行中の訴訟11件のうち3件が大法院で係留されており、このうち2件は係留期間満2年に達した。「勤労挺身隊ハルモニさんと共にする市民の集会」の関係者は1月、「大法院で係留された裁判の進展がない間に、強制動員被害者2人が亡くなった」と公表した。

「対日抗争期、強制動員被害調査および国外強制動員被害者ら調査委員会」（強制動員被害者調査委）によると、国内外で強制動員された人は約782万人である。このうち、日本国内に動員された労務者は102万人に達する。三菱、三井、住友、日本製鉄などをはじめ、トヨタ自動車、Nikon、東芝など韓国に進出している日本企業の強制動員の事実が次々に明らかになっている。

65年の日韓基本条約が個人の請求権を制限するのか、という問題に関する憲法裁判所の最終判断が残っている状況である。日韓の弁護士協会は、ドイツの「記憶・責任・未来」財団のように強制動員被害者に対する**被害賠償のための新しい財団の設立**を論議してきた。新国会では日本軍慰安婦問題だけでなく、強制動員被害者に対する新しい提案を模索しようとするだろう。与野党国会議員の中には、戦後賠償・補償問題に長い間取り組んできた国会議員もいる。彼らを中心に日韓弁護士会と日韓市民団体との連帯も可能だろう。

以上のように、日韓関係は4・13総選挙の結果、野党が多数派となり、対日関係では原則的な論理が強くなるだろう。しかし、現在の局面を乗り越えるのはむずかしく、来たる大統領選挙後、新しい日韓外交関係の構築まで待つしかないだろう。それまで朴槿恵大統領の対日外交や安全保障分野はアメリカを介して進むだろうが、それ以外の分野においては選択肢は多くないだろう。

（2）南北関係および対外関係に対する影響

対北融和政策を支持する野党

4・13総選挙は、経済問題が優先視され、対外関係は大きな論点にはならなかった。2016年に入り、北朝鮮の第4次核実験とミサイル発射により朝鮮半島の危機が高まっている状況の中で、北朝鮮の核開発問題への対処と南北関係の改善は、なによりも優先視されなければならない課題だ。

与野党ともに北朝鮮の核開発に対しては公式に反対の立場を明確にしており、制裁政策についての立場に大きな違いはない。しかし、制裁の手段として開城公団の閉鎖という極端な措置に関しては、与野党の意見は違ってくる。国民の党の朴智元新任院内代表や共に民主党の鄭東泳国会議員の場合、金大中・盧武鉉政権時代、南北首脳会談の実務担当者として南北の経済および文化交流をつくってきた張本人だ。共に民主党と国民の党の国会議員は、大部分が金大中・盧武鉉政権時代の対北朝鮮融和政策である太陽政策を支持してきた者として、**対北関係を制裁だけでなく、対話と妥協の路線を要求する可能性**が高い。

北朝鮮は、2016年5月6日~10日に36年ぶりに第7回党大会を開催し、金正恩を朝鮮労働党委員長として推戴するなど新しい体制整備がなされた。党大会期間中、金正恩は金日成の高麗連邦制を骨子とした南北関係改善のための提案をおこなった。南北の社会団体は、6・15南北共同宣言16周年に合わせて、南北共同行事などの提案を通して南北関係改善の突破口をみつけようとするだろう。

朴槿恵政権の対北朝鮮政策である「信頼プロセス政策」が失敗し、結局強硬な制裁政策に転換した時期でもあり、野党の対北朝鮮対話提案は、南北関係改善の新しい糸口にはなるだろう。しかし、北朝鮮が核保有国を公式宣言し、核を放棄しないということを明確にした以上、野党の対北朝鮮政策も以前の太陽政策のように対北朝鮮への経済および人道支援という交流だけを優先するには、選択肢がそれほど多くないことも事実である。

対米・対中関係の均衡政策の要求

朴槿恵政権とアメリカは、北朝鮮の第4次核実験およびミサイル発射後降、THAADの韓国配備のための米韓協議に公式に合意した(2016年3月)。これに対して中国が強く反対して、韓国の世論も分裂している。THAAD配備の目的と実質的な効果、費用、管理体系、中長期的な国益などを考慮すると、韓国配備は、慎重に考慮する必要がある。

「与小野大」状況の中でTHAADの韓国配備は新しい局面となった。「韓国の総選挙結果に関係ないTHAAD合意は推進されるだろう」というアメリカ側の公式反応は、総選挙結果に対するアメリカの憂慮が反映しているとみていい。4・13総選挙の結果、正義党の金鐘大《キムジョンデ》議員をはじめとして、盧武鉉政権当時、安保および国防担当をしていた専門家が国会に登場することから、安保問題に対する多様な問題提起が行われることが期待される。

中国とアメリカが東アジアで対立しているなか、朴槿恵政権は、米韓外交と中韓外交を同時に活用する政策を維持してきた。しかし、2015年12月28日の日本軍慰安婦問題の日韓合意、北朝鮮の第4次核実験、ミサイル発射を契機に、朴槿恵政権は伝統的な米韓外交の復活と日米韓同盟の強化を軸として急旋回をしている。

東アジアで強大国の勢力再編が起こる場合に、その対立軸がいつも朝鮮半島だったということを考えると、韓国の戦略的な外交は重要な国益だ。共に民主党と国民の党所属の国会議員は、金大中・盧武鉉政権時代、対中国外交を重要視して、中国での韓流ブームを起こしたりもした。朴槿恵政権の対中国重視外交とも明白に精通している点で新国会では、米韓外交の強化だけでなく、中韓外交とのバランスを求める要求がなされる可能性が高い。

11　日本の市民社会への問いかけ
――有権者の政治革命のフレームこそ4・13総選挙の真実

韓国の市民が国際的または東アジア的な視点から4・13総選挙で投票したわけではないだろう。しかし、彼らは現在の自分たちが置かれている状況の中で**独裁政権と不平等社会をつくる国家政策や集団に明確に「ノー」と表現した**。市民の意見を代弁せずに、自身の利害関係だけを追求する無責任で無能力な集団に対して退場宣言をだし、国民の正当な権利を行使したのである。

２０１６年７月、日本は戦後最も重要な参議院議員選挙を前にしている。市民個人がどう選挙に臨まなければならないか、何を選択しなければならないのかが問われている。**韓国の市民も日本の市民も最悪の経済状況下で、そして国家の安全保障最優先という危機高揚の状況下で、ナショナリズムの選択を強要されているのが現実だ**。その中にあっても政治に対する希望を捨てず、最善でないが次善に希望を持ち、正当な１票を行使する若者の賢明な意識こそが独裁政治を止め、政治が国民全体の声を聴くようにさせることができる。

アメリカは、朴槿恵政権と安倍政権を軸に日米韓軍事同盟を強化して対中国および対北朝鮮強硬政策を実施していることから、４・13総選挙での朴槿恵政権の大敗北を深刻に受け止められないはずがないだろう。日韓のナショナリズムの高揚と中国の台頭、北朝鮮の挑発など東アジアの危機が急激に高まっている。東アジア各国の対立の中で国際的な信頼と市民連帯の幅はむしろ縮まったが、なによりもそれぞれの各国内で独裁政治を国民の手で止めることから国際連帯は始まるべきだろう。

台湾でも市民は政権交代を成し遂げた。韓国の市民は４・13有権者革命を成し遂げた。日本の７月参議院議員選挙を韓国と台湾、アジアの市民は見守っている。安保法制が施行され、憲法改正の危機に直面しており、３・11福島原発事故、沖縄米軍基地の強化など日本が直面している戦後最大の危機の中で、日本の市民一人一人がどのような選択をするのか。個人の選択だけでなく、東アジアの運命を左右する重要な選択になるだろう。

日本の憲法９条がアジア太平洋戦争で死亡した２０００万人の犠牲の上に生まれたことは、平和憲法が決して日本だけの憲法でないということを意味している。７月の参議院議員選挙は日本だけの選択ではない、東アジアがこの先平和の道を歩むのか、戦争の道を歩むのか、重要な選択になるだろう。絶望の中で韓国の若者は希望を捨てず、投票を通して新しい未来を選択した。「1票は銃よりも強い」という言葉が証明された。現実の壁を切り開いていくのは、いつも巨大な有権者の力だった。政治が答えを出すかは未知数だが、それでも私たちは投票を通して彼らを審判しなければならない。戦後70年が過ぎた今、日本の若い世代も新しい日本の未来に希望を夢見るべきではないだろうか？　そしてアジアの市民社会も新しい日本の未来をデザインしてもいいのではないだろうか？　韓国の市民社会は、日本の有権者革命の報告を待っている。

3章

韓国の市民社会からみた日本の政治

——『ハンギョレ』連載「世界の窓」より

＊日韓両国の政治状況は密接にリンクしている。ここに収録したのは、韓国の新聞『ハンギョレ』の「世界の窓」欄に連載したコラム（２０１３年11月〜15年３月）の一部である。近来、日韓関係はネットを通じて、だれでも国内の情報を同時に共有することができる。このコラムは、韓国社会に向けて日本の事情を理解してもらうためのものであったが、両国のネチズンや関係者からの反応を実感したものをピックアップした。原文は韓国語で書かれている。

責任ある対日外交の必要性――２０１３年11月24日

日韓関係の突破口が見えない。日本内閣府の世論調査の結果をみると、２０１０年に日本人の韓国に対する好感度が68％と戦後最高の記録を出した。しかし、２年も経っていない12年10月の調査では、韓国に対する好感度は18・４％と急激に減り、現在は１９７０年代以来、最悪の日韓関係を迎えている。日本人の韓国に対する好感度がこれほどまで急激に落ち込んだのには、12年８月の李明博大統領の電撃的な独島（竹島）訪問が大きな影響を及ぼしたのは事実であろう。

日本社会で独島問題は世論の主要な争点ではなかった。では、日本人の反韓感情の中心課題として浮上してしまった理由は何だろうか。李明博大統領が独島を訪問する前後の日本の状況を考えてみると、その理由が少し理解できる。

１９９０年代の日本は「失われた10年」という言葉が流行るほど、戦後最悪の不景気を迎えていた。２０００年代に小泉純一郎首相が登場して、「耳を覆って鈴を盗む」（すぐにバレる嘘で人を騙すこと）スタイルの改革をしたが、新自由主義経済の導入で実質的には格差社会をつくってしまった。「失われた20年」

が流行語になっていた頃、日本人は戦後初めて野党の民主党が政権交代を果たした。

しかし、鳩山由紀夫首相は、沖縄・普天間の米軍基地を県外に移転するという無謀な公約で自ら辞任する結果を招き、市民運動を代表するという菅直人首相は、朝鮮学校に対する無償化の排除を認め、日本の保守の差別政策を踏襲し、良心的な支持者さえ背を向けるようになった。

自民党から民主党に変わっても政治・経済・社会的に何の変化もなく最悪の状況であり、11年3月11日の大地震と大津波、そして福島原発爆発という最悪の災難が吹き荒れたのだ。戦後最大の国家危機の中で右往左往し、戦略もなく戦術もなく、率直さもない民主党政権に対する国民の失望は、言葉で言い表せないほどだった。さらに野田佳彦政権は、国民の強い反対世論にもかかわらず、自民党と野合し、消費税率引き上げ案などを可決して、国民の最後の未練も捨てさせた。

２０１２年８月10日、参議院で消費税率引き上げ案が可決される日の午後に、李明博大統領の「歴史的な」初の独島訪問があった。日本の保守新聞は、待ち構えていたように一斉に世論を独島訪問問題に転換させて消費税率引き上げ問題から目をそらさせた。当時、李明博政権は、腐敗問題で李明博大統領の実兄の李相得元議員と側近たちの拘束が続き、世論の転換のために独島訪問という政治的パフォーマンスをおこなったのだ、と日本のメディアは親切な分析も付け加えていた。

ロシアのプーチン大統領が北方領土を訪問し、中国が尖閣列島問題で刺激するなど、対外的な圧迫に悩んでいた日本の保守勢力としては、李明博大統領の独島訪問は泣きたい子どもの頬をまともにたたいた格好になった。安倍晋三首相を主軸とした保守勢力は「再び日本を取り戻す」というスローガンを掲げ、大々的な攻勢に乗り出した。そして、自民党への政権交代に成功し、圧倒的な支持の中で総選挙でも圧勝を収めた。失われた20年の挫折と３・11以降の疲弊した日本の市民社会は、あまりにも無気力に保守勢力が扇動するナショナリズムに巻き込まれてしまった。

日韓関係は複雑で、李明博大統領の独島訪問は偶然なのか「いかさま博奕」なのかは、検証し難い。しかし、この訪問が、日本の右翼たちに韓流を転覆させて嫌韓流に基づいた韓国叩きに全面的に乗り出す土壌を提供したのは事実だ。日韓間の最も敏感な問題について最も強力な外交カードを使用し、相手の国内外の状況を考慮しなかったことは無責任なことであり、失敗した外交である。

李明博政権が朴槿恵政権に残した韓国・日本の外交の課題は重い。残忍で、卑怯で相手の弱点の足を引っ張る日本外交の前で、「信頼外交」という抽象的な表現だけでは、日本を説得することはむずかしい。日本の保守政治家たちの発言一つ一つに一喜一憂し、声明乱発やアメリカや西欧のマスコミを通じて圧力を加えようとする外圧的な方式も抜本的な対策にはならない。日中韓の歴史的な事実を具体的に把握して、準備が整った時期に直接話し合い、日本の首相を論理的に説得する責任ある対日外交が必要な時期だ。

国鉄民営化以降始まった日本の復讐――2013年12月22日

治安維持法の復活とも呼ばれる特定秘密保護法が12月6日深夜日本の議会で可決された。市民社会の強い反発にもかかわらず、安倍内閣は法案を強行採決した。法案の提案から成立までの過程に民主主義はどこにもみられなかった。少数野党の分裂と遅れた市民社会の抵抗で安倍内閣の暴走を阻止するのは、無理だった。同時期に韓国では、鉄道民営化反対のための労働者たちのストライキが展開されていた。これは偶然の歴史だろうか？　安倍内閣の登場で加速された日本社会の暴走は、１９８７年の国鉄民営化がその始まりだった。中曽根康弘内閣は、財政赤字の解消を名目に、国鉄労組の強力な反対にもかかわらず、国鉄をＪＲに代表される旅客鉄道6社に分割民営化することを強行した。民営化直前の国鉄の累積債務は37兆円に達していた。民営化以後、満25年が過ぎた現在、日本の国土交通省は鉄道民営化を通じて従業員らの顧客に対する態度の変化、運賃の凍結、事故減少、経営黒字など非常に肯定的な内容を盛り込んだ評価報告書をホームページに掲載している。しかし、経済性、公益性、安全性、地域社会との関係など、全般的な面を考慮すれば、日本政府の評価は、現実とかけ離れている側面が多い。

民営化の名分だった財政赤字は、2011年政府報告書によると、2009年末の25兆円の債務がそのまま残っている状態だ。経営は、大都市を中心に高速鉄道を経営するJR東日本など大手3社は黒字を出しているが、在来線を持つ企業はほとんど赤字状態だ。民営化以降、何よりも大きな変化は、採算性が低い在来線の廃止が絶えず、高速化もなかなか進まず、地域格差や疎外現象の深刻な原因になっているという点だ。

一方、国鉄民営化を推進した元首相中曽根康弘は、「国鉄労組が（社会党の支持基盤である）総評の中心で、民営化の目的はこの国鉄労組を粉砕するためのものだった」と明らかにした（2005年11月25日、NHK日曜討論）。鉄道民営化の本質は結局、進歩的な労働組合および革新政党を無力化し、長期的な保守社会を作るための国家プロジェクトだったということだ。

中曽根首相の思惑通り、民営化直前に27万人を越えた国鉄労組員たちは民営化直後4万人に激減しており、JRに再採用されずに解雇された労組員は8万人を超えた。その結果、総評は解体され、労使協調主義を標榜した連合に統合され、日本の戦闘的労働運動は歴史の中に消えた。なにより致命的なのは、民営化をめぐる組合員や政治勢力の分裂が、現在も社会運動の対立と分裂の原因になっているということだ。総評の支持基盤を失った社会党は、その後解体されており、現在は社会民主党に一部の命脈を維持しているだけだ。結局、革新勢力の崩壊は、巨大保守与党の登場と野党の全面的保守化をもたらした。

民営化以降、公共性と安全性より利益と経営の論理を掲げた鉄道運営は、鉄道労働者の労働条件を極度に悪化させてきた。民営化の過程で100人を超える自殺者が続出しており、正確に時間を守らなければならない「恐怖政治」の現場の雰囲気は、踏切の赤信号にもかかわらず、列車の速度を速めるなどの暴走運転を強要している。2005年4月に発生したJR福知山線脱線事故（107人死亡）は、民営化における日本の鉄道の現状を赤裸々にした出来事だった。

国家基幹産業の公共性を放棄して、人権および民主的なプロセスを無視したまま、国鉄労組員たちの排除を目的とした鉄道民営化を認めたときから、日本社会は暴走する機関車に乗り合わせたのだ。

それから30年後の今、韓国社会が再び歴史の岐路に立たされている。最後まで不当解雇に抵抗し、復職に向けて勤務駅の周辺で20年以上闘ってきた1047人の日本の国鉄労働者たちは、いつも韓国労働者たちに連帯を表明してきた。「韓国は、日本と同じ道を行かないように願います。私たちが得た教訓は、勝っても負けても労働者は一緒に歩まなければならないということです。」

なぜ安倍の暴走は止まらないのか――2014年5月18日

安倍晋三首相がついに自身の札を投げた。安倍首相は15日、安保懇談会報告書を緊張しながら発表した。この報告書は、日本の集団的自衛権行使の限定的な認定と国際連合（UN）の決議に基づいた多国籍軍など、集団安全保障の参加を提案した。安倍首相は、世界の紛争地域に日本が多国籍軍として参加する集団安全保障については採択拒否を明確にした。自身が推進している集団的自衛権は「日本の周辺地域での有事事態に限定した武力許容」であると力説した。果たして実情はそうだろうか？

第1次安倍内閣は憲法9条を改正する改憲構想を打ち出したが、強い反対にぶつかり結局失脚した。第2次安倍内閣は2014年2月、両院2／3の賛成により憲法改正発議96条を改正し、議会を通して憲法改正を推進した。しかし、ルールを変えることに対して批判を受けて立ち消えになった。結局、安倍首相は内閣の憲法に対する公権的解釈権を利用する変則的方法まで動員して、集団的自衛権承認を推進している。

集団的自衛権を承認させようとする安倍政権の暴走は敵なしだ。内閣の憲法解釈を審査する内閣法制局が、日本の憲法は「集団的自衛権は所持するものの、9条のために許容されない」という既存方針を固守すると、法制局長官を親安倍派に交代させた。また、NHK会長に極右人事を発令して、言論にさるぐつわをかませた。集団的自衛権が実現すれば、立憲主義と民主主義、戦後平和主義の基本秩序が崩壊し、長期的に政権に対する批判と抵抗が起こるだろう。これに備えて安倍内閣は昨年末に特定秘密保護法を強行採決し、いわゆる体制安定のために根本的な準備をしておいた。

オバマ大統領は先月の訪日当時、日米共同声明を通して「アメリカは日本の集団的自衛権の検討を歓迎および支持」と表明した。しかし、米議会調査局および『ニューヨークタイムズ』などアメリカ社会は、安倍政権の右傾化の変貌はアメリカの国益にならないと強い懸念を表明した。アメリカ政府は日本の集団的自衛権を許容しているが、安倍政権が主張するような、日米間の同等な同盟関係を念頭に置いているわけではない。安倍政権の変貌に対するオバマ政権とアメリカ・メディアの矛盾した発言などは、「同等な同盟論」の過剰利用に対する危険性を警告している。

連立与党・公明党の支持基盤である創価学会には、閣議決定方式ではない憲法改正手続きを通して集団的自衛権承認を要求するなど、立憲主義および民主主義の崩壊に対する反対論が根強い。しかし、結局公明党も手続き上の問題を提起はしたが、集団的自衛権行使に同意している点で、安倍首相の暴走の大きな流れを変えることは容易ではない。

このように、無謀にみえる安倍内閣および極右の暴走は、強力な明治時代の軍事国家に戻ろうとする政治的なイデオロギーによってのみおこなわれていることではない。日本は2011年3・11大震災以降、3県（福島・宮城・岩手）がまともに機能せず、製造業だけで経済を再生するには厳しい限界に直面している。円安を基盤にしたアベノミクスがもたらす不況の脱出口は、やはり軍需産業だ。戦前は植民地政策を通して、戦後は平和憲法の枠組みの中の経済協力方式で利益を追求してきた財閥が、今や武器輸出の規制を緩めるように要求している。安倍首相の記者会見の翌日、石破茂自民党幹事長の「次期内閣に多国籍軍参加の許容」発言は、軍需産業を指向する保守勢力の暴走および財閥の本音がはっきり表れているといえる。

韓国政府との合意なしに、日本が朝鮮半島有事の際に戦争に参加することは容易ではない。しかし、制限された集団的自衛権であっても、戦後東アジアの平和秩序の一つの軸である日本の平和憲法9条が死文化し、共同の歴史清算なしに日本が再武装の道へ走ることは、韓国の対日外交の失敗と東アジア戦後秩序の急激な変化を意味する。セウォル号沈没事件で明らかになった矛盾に直面した韓国社会は、今や急変する東アジア情勢の中で韓国の対外および対日政策について時代にふさわしい再検討をしなければならない時点にきたといえる。

日韓首脳会談に介入しよう——2014年7月17日

自衛隊創立60周年記念日である7月1日、安倍首相はついに閣議決定をして日本の集団的自衛権行使を承認した。憲法9条という楔により周辺の有事事態および紛争地域に対する公式な武力派兵を制限されてきた日本が個別的自衛権という盾を捨てて、集団的自衛権という槍を持ったままルビコン川を渡ったのである。しかし、安倍内閣は憲法改正をすることができず、自衛隊を国防軍として公式に変更できずにいる状況下では、自衛隊の武力行使は制限された条件と限界の中に封じ込められているといえる。したがって、私たちは、集団的自衛権承認に対して日本の軍国主義が復活した、戦前国家になった、という刺激的で感情的な対応よりは、朝鮮半島をめぐる国際情勢と日本の変化した内部状況を考慮して、冷静で戦略的に対日外交を再考しなければならないだろう。

朴槿恵政権は、李明博大統領の独島（竹島）訪問と天皇に関する発言、安倍首相の河野談話および村山談話に対する再検証の動きなどで悪化した日韓関係の中で、日韓首脳会談を推進することは容易ではなかったはずだ。しかし、朴槿恵大統領が2013年5月アメリカを訪問した後、日本訪問を飛ばし6月に中国を先に訪問して以来、日本の右翼だけではなく、一般大衆メディアに反韓感情を持たせたことは事実だ。中国に対する恐れもあるが、同盟国であると思っていた韓国に対する日本社会の失望と憤怒の表れであった。

日本の歴史問題歪曲と緻密な軍事化の歩みについて、韓国と中国が反日戦線を結成して連帯することは当然な筋のようにみえる。1965年日韓国交正常化時期に比べて貿易量が1／3の水準に落ちた日本に対し、中国に対する経済依存度が毎年高くなっている韓国としては、中国との経済的連携と戦略的協力体制を高めざるをえない状況であることも事実だ。しかし、アメリカと中国が対立と協力を繰り返し、日朝接近が具体化しているなど、急変している情勢の中で韓国が国益を長期的に貫徹するためには、対米・対中・対日外交を戦略的かつ慎重に推進しなければならない。

体面と名分を重要視する朴槿恵大統領としては、成果が見えない日韓首脳会談を実施することは容易ではないだろう。むしろ、日本の保守勢力および安倍首相に、うまくのせられたと考えられる。しかし、日本に対する不快感を表して、アメリカおよび国際社会に日本の行為を非難することで日本を孤立させようという戦略は、日本の外交的変化を全く引き出せなかった。

日韓首脳会談が引き出す目に見える成果は多くないが、対話に応じることは日本国内の嫌韓勢力の名分を弱める。そして、萎縮したリベラル勢力と日本の市民社会に、以下のことを直接説明することが必要だ。―独島（竹島）は韓国の固有の領土である、慰安婦問題解決は女性大統領として避けられない事案だ、歴史協力問題は専門家グループを通して解決しよう、経済協力は相互利益のために推進して第2・第3の韓流を活性化させよう、福島支援および民間レベルの交流は拡大するが、集団的自衛権行使は朝鮮半島の問題であるだけに韓国と事前に緊密協力を要求する――などだ。日韓首脳会談はなによりも、日本メディアを通して一般的にあふれている嫌韓的な言葉を緩和させることができる効果も期待される。

北朝鮮も状況が複雑であるが、自尊心を捨て総連ビルの売却が意味する在日朝鮮人社会の衝撃を考慮して日朝交渉に乗り出し、拉致問題再調査まで合意した。日本では韓国の60万人の在日同胞とニューカマーが、嫌韓デモと安倍内閣の相次ぐ強硬政策の下で毎日毎日不安の中で暮らしている。安倍内閣を放置することは、私たちの意図とは異なり、安倍首相および軍国主義者の念願の憲法改正という軍国主義への道を整える促進剤になっている構造を理解するべきだ。２０１５年、日韓国交正常化50年が最悪の年にならないようにするためにも、今、日韓首脳会談のカードで積極的に外交に介入をしよう。

靖国とセウォル号特別法――２０１４年８月10日

８月９日に東京でヤスクニ反対東アジア・キャンドル行動がおこなわれた。２００６年８月15日の小泉首相の靖国参拝以来９年間続いている東アジア市民連帯だ。日本の敗戦を操り上げたソ連参戦の日（「反ソデー」）と重なり全国の右翼も大挙結集し、昨年より２倍以上の警察車両が彼らを阻止するため東奔西走した。日本の右翼はなぜ、靖国問題が出てくると反発するのだろうか？　靖国の闇にロウソクの灯りを突きつけることが、そんなに恐ろしいことであろうか？　しかし、真実を隠そうとしているのは、日本だけではないだろう。

靖国神社は、第２次世界大戦の戦犯が合祀されている戦争美化施設として韓国では知られている。間違った説明ではないが、それだけが靖国問題のすべてではない。韓国の国立顕忠院やアメリカのアーリントン国立墓地のように、靖国神社も国家のために死んだ軍人を追慕する施設なのに何が問題なのか、と日本の学生は質問したりもする。

まず、靖国は特定時期の日本の天皇のために作られた施設だ。靖国には、1868年の明治維新前後に天皇制誕生のために亡くなった軍人から第2次世界大戦終戦までに犠牲になった軍人約246万人が合祀されている。正確には、国家のためではなく、天皇のために亡くなった軍人および軍属のための施設だ。

2番目、靖国は追悼の自由を認めない。追悼施設であれば遺族の考えが重要だ。宗教的または平和的な理由で、靖国合祀取り消しを要求する遺族たちがいる。しかし、靖国神社は合祀された246万人は一つの神であり、一度、神として登録された人は誰も取り消しできないという。笑えないことに、亡くなったと思って合祀したが生きて返ってきた軍人がいる。もちろん合祀の取り消しはできない。一度、神になれば永遠の神だ。

3番目、靖国神社の植民地支配は永遠だ。靖国神社には韓国および台湾出身の軍人および軍属など約5万人が日本名で合祀されている。当時朝鮮人は日本人として死んだので、日本人扱いするということだ。ところが日本の軍人および軍属のように援護金の支給を要求すると、1952年以後、朝鮮人の日本国籍は取り消されたので資格がないという。合祀は日本人、補償は朝鮮人として取り扱う。植民地支配は終わったが、霊魂に対する植民地支配は今なお続いているということだ。

しかし、靖国問題は日本人たちにとって、それほど簡単な問題ではない。敗戦国家の兵士たちは追慕されてはいけないのだろうか？ 日本の平和運動は長らくこの問題を忌避して放置してきた。結局、戦争で亡くなった者の慰霊問題は靖国と右翼の専有物になった。冷戦以後に広がった日本人の被害者意識は、靖国の戦争史観と結びつくことにより、侵略戦争の犠牲者を美化して英雄視する政治イデオロギーとして再生している。日本人は世界大戦当時の戦闘機ゼロ戦を素材にした映画を観て、若い軍人の悲しくみじめな死を目のあたりにした。靖国で彼らの死が慰められ、実際に永眠していると信じるようになった。だが、彼らがなぜ死に、誰が殺したのかについて映画は一切語らず、観る人々もこれに気付くことはできない。

靖国神社は、加害者が犠牲者を英雄視することによって加害の本質を隠す施設だ。愛する家族の死に対する悲しみを喜びとして認識させ、加害者にありがたみを感じさせる錬金術装置だ。たとえ遺骨が帰ってこなくても靖国で神になっていて、自分の息子は犬死にではなかったと、自ら慰めるようにする。国家がつくった矛盾の塊りが、逆に国家と国民を支配しているということだ。

韓国ではセウォル号事件以後、セウォル号特別法を巡る論争が熱い。重要なのは、死者に対する私たちの追慕方式だ。しかし、正しい追慕のためには、彼らがなぜ死んだのかという真実を明らかにする作業が先に必要だ。真相究明のないセウォル号特別法は、全国に散在しているベトナム戦争犠牲者慰霊碑のように、加害者の真実がなく犠牲者のみが美化される、私たちの中のもう一つの靖国施設を作る法になるだろう。靖国の闇にもセウォル号事件の闇にも、真実のキャンドルを灯すことを期待する。

「ブラック社会」をつくるアベノミクス――2014年11月9日

公務員年金法改正案の問題で秋の長期国会がごたごたしている。日本の通常国会も労働者派遣法改正をめぐり、荒れている。アベノミクスでわずかな経済改革の兆候がみられない安倍内閣は大規模財政支出という応急措置をまた敢行した。一時的な株価上昇など経済回復の期待値が高くなったが、基本的な経済改革が実現されない限り、消費税率引き上げなど長期的な不安要因は、いつも日本経済を委縮させる流動的な状況が続いている。結局、安倍内閣の経済政策は労働自由化を加速させる政策であり、そこに本質がさらけでている。

10月28日から日本の国会前では、労働者派遣法改悪阻止のため労働者の集会が毎日開かれている。連合、全労連、全労協など代表的な3つの労働団体が主軸となり、雇用共同行動は派遣法改正案を「生涯派遣法」「正規職ゼロ法案」と辛辣に批判し、国会に圧力をかけている。党派的利害関係と労働運動の歴史的対立によりめったに共同行動をしないこれら労働団体が共同戦線を組むほど、安倍内閣が推進している労働者派遣法改正案に対する日本の労働陣営の危機意識は深刻だ。

今回の第2次安倍内閣が推進している改正案の骨子は、彼が小泉政権のときにつくった現行法の「3年制限」を撤廃し、製造業を含む「すべての業種」に適用することだ。現行派遣法では、業務単位で計算をして3年を越えて仕事をする派遣労働者は、以降正規職として採用しなければならない。しかし、改正案は、「同一業務」に3年が経過することになっても正規職に採用しないで、別の派遣労働者に代替することができるようになる。雇用回数の制限も設けることなく改正案が成立すれば、企業は特定業務にずっと派遣労働者を雇用することができる。

結局、雇用主は、解雇がむずかしい正規職社員をはじめから採用しなくなり、すべて派遣労働者を長期間活用する方式を選択するだろう。このような派遣法改正案が成立すれば、派遣労働は正規労働者が遂行できない特定業務を補完する制度ではなくなり、正社員を代替する制度に変貌することだろう。いつ解雇されるかわからない不安定な雇用が構造化し、「正規職ゼロ、生涯派遣」の世の中が実現するだろう。

安倍首相は改正法に対して「育児を担当する世代が暮らしに希望を持ち、安心して仕事する環境整備が目的」だと国会で答弁した。すべての派遣会社を許可制にすることによって不法派遣をなくし、指導・監督を徹底させ雇用の安定を確保するといいたいのだろう。しかし、その本質は雇用の創出ではなく、財閥の要求を聞き入れ、労働の自由化および非正規職を合法化し、日常化する不安定な社会の創出にすぎない。とどのつまり、安倍首相が標榜する「世界第一の企業にとって良い国」は、すべての労働者が派遣勤務で一生を生きる「ブラック社会」が肯定的な終着点になるだろう。

安倍内閣も朴槿恵政府も「創造と再生」を主張した。しかし、両国の若い世代が派遣労働で健康を失い精神的に疲弊してうつ病にかかり未来の展望を持てないのに、どうして創造と再生が可能なのか。彼らの現在の暮らしを崩壊させないことがより重要ではないか。

日韓関係改善のゴールデンタイム——2015年1月4日

2015年は日韓国交正常化から50年目に当たる年で、新しい日韓関係の進展が期待されている。しかし、現実はさほど容易ではない。日本の内閣府が発表した「外交に関する世論調査」（2015年12月20日）で「韓国に対する親密感を感じない」と答えた世論が66・4％に至った。前年より8・4％ポイント増加し、調査が始まった1978年以来最悪だ。李明博大統領の独島（竹島）訪問以前の2010年の調査で日本人の韓国への親密度は68％で、戦後最高値を記録した。それから、5年で正反対にひっくり返ったわけだ。

戦後日韓関係はいくつかの変換期があった。まず、1945年8月15日、35年間の植民地体制が終わった。そして、50年、朝鮮戦争を契機に反共体制構築のため日韓の相互協力が「強要」させられたし、15年が過ぎた65年に日韓国交が正常化された。アメリカのベトナム戦争を背景に加速された日韓国交正常化会談の中で日韓関係は歴史問題を曖昧に処理したまま構築された。朝鮮半島に2つの国家があったにもかかわらず、日本は韓国との国交正常化だけを推進したことから、いわゆる「65年体制」を誕生させた。

日韓関係が劇的に転換したのは、98年金大中・小渕両政権の「21世紀パートナーシップ宣言」以降だ。97年の経済危機で日本の投資が喪失した状況で、金大中政権は歴史問題より文化および経済交流を優先した。その結果、日本で韓流、韓国で日本の春が起こったし、日韓両国の間では約15年間にわたって300万以上の活発な市民交流に及んだ。いわゆる「98年韓流体制」の登場であった。しかし、約15年間の文化交流の結果、日本国内で韓国文化および韓国人を排撃し、追放しようとする「ヘイトスピーチ」が登場したことは、アイロニーといえるだろう。

日韓関係は、65年の経済協力体制と98年の文化協力体制を通しても安定的で持続的な協力の土台を形成できなかった。また、曖昧に処理してきた日韓間の歴史認識問題は、今後の日韓関係の安定的な持続のためにはもはや避けられない重要な課題であることも明白になった。そのような意味で、日本軍慰安婦問題の解決は、譲歩できない重要な課題といえる。

しかし、どんなに重要であり切迫した課題であったとしても、日本軍慰安婦問題だけを日韓関係改善の「入口」として限定することは賢明な外交戦略ではない。日本は北朝鮮に対して、「日本人拉致問題の解決なしに日朝関係の改善はない」という論理で対北朝鮮圧迫政策を15年間推進してきた。しかし、これはむしろ日本のアジア外交の孤立およびリーダーシップの喪失につながった。

朴槿恵政府が進める日本軍慰安婦問題の解決を日韓関係の最大の緊急な課題として設定するなら、2年間の対日外交を再検討し、新しい接近を試みるべきだろう。この問題は原則的に重要な人権問題であり、その規模が膨大で両国の複雑な国内外の事情に縛られている点で、対日外交の「入口論」ではなく「過程論」を通して接近する必要がある。たとえば、首脳会談を通して両国政府が第3者委員会を共同で設置し、専門家らが歴史検証を含む具体的な解決方案まで盛り込む政策提案を模索するという戦術的な転換も一つの有用な方策になるだろう。

日韓の緊密な協力は、この地域の不安定な国際秩序を安定させ、地域内の複雑な懸案を処理するのに、必須の要素だ。現在、安倍政権が抱えている構造的問題を解決する展望ある経済指標はほとんどない。結局、集団的自衛権と憲法改正の道を諦めず、現在と同じように景気沈滞が持続すれば、安倍内閣の支持率は1年以内に再び下落する可能性がある。しかし、日本の民主党政権や自民党内のリベラル勢力と歴史問題を解決しようということは限界があった。それと同様に、たとえ気乗りしなくても、日本の保守右翼を代表する安倍首相の人気が持続されている間に日韓間の歴史問題に対する包括的解決を積極的に模索するべきだろう。

このような意味で2015年は、日韓関係の改善のためには逃してはならないゴールデンタイムだ。

「私は李鶴来だ」――忘れられたBC級戦犯、李鶴来氏最後の闘い――2015年2月2日

彼は1925年に全羅南道宝城《ボソン》兼白《キョムベク》の奥地の貧しい農家に生まれた。朴《パク》姓が多い村で李《イ》姓の家は少数派だったが、彼の父は村長をするほど人徳があった。中学校を卒業し宝城郵便局と麗水《ヨス》水産市場で雑役をしていたものの、何事もうまく行かず彼の青少年期は過ぎ去って行った。

42年、17歳になった彼は炭鉱での強制徴用や日本軍徴集から逃れようと、村の裏山で避難生活をしていたが、そこで「捕虜監視員になると、2年契約で給料50円を貰える」という話を聞いた。村でだれかは行かなければならなかったので、彼は軍属と兵士の違いも、どこで何をするのかもわからないまま1人で村を発った。

釜山西面《ソミョン》に駐屯する日本軍野口部隊。全国から集まった3016人が捕虜監視員になるため「ビンタ」(仲間の頬を殴る体罰)を繰り返し受けながら、過酷な軍事訓練を受けた。彼らは連合国軍捕虜の監視任務やジュネーブ条約についてのまともな教育を受けないまま、42年8月に釜山港を出発し、スマトラ、ジャワ、タイの捕虜収容所にそれぞれ配属された。映画『戦場にかける橋』で有名な泰緬鉄道(タイとミャンマーを結ぶ約415キロの鉄道)の150キロ地点の建設現場ヒントックで、彼は仲間の4人とともに500人の連合国軍捕虜の監視任務に就いていた。粗末な衣食住、医薬品の不足、装備もない過酷な労働環境、それにジャングルでの伝染病に加えてコレラまで蔓延して多くの捕虜が犠牲になった。

東京裁判の記録によると、日本軍捕虜になった連合国軍捕虜13万2134人のうち3万5756人が死亡し（死亡率27％）、その中でも悪名高い泰緬鉄道の場合、投入された捕虜4万8296人のうち30％を超える約1万6000人が犠牲になった。日本軍がいかに無謀で非人道的な作戦を実行したのかが窺い知れる。しかし、この連合国軍捕虜の監視および動員の最前線で活用されていたのは、朝鮮の青年たちだった。いわゆるBC級戦犯裁判で朝鮮人148人が日本の戦争の犯罪者として刑を受け、23人が死刑判決を受けた。泰緬鉄道第5分所の監視員だった趙文相《チョウムンサン》は1947年2月25日、「俺には自分のものは何ひとつない」との遺書を残し、死刑場の露と消えた。

彼の場合も通訳がつかず具体的な物証もなく、証言だけでおこなわれた裁判で死刑判決を受けた。不幸中の幸いというべきか、彼は47年10月に劇的に20年に減刑され、51年8月、他の27人の朝鮮人戦犯と一緒に日本の巣鴨刑務所に移送された。

サンフランシスコ講和条約の発効とともに国籍の問題で日本人ではなくなった彼らは釈放されるべきだったが、日韓両政府はこの問題を協議していなかった。彼らは56年6月初めて釈放されたが、故郷を離れて異国の地で釈放された同僚2人は自殺し、精神病院に入院した人もいた。彼らは親日協力者という非難を受けるのを恐れ、祖国行きを断念した。

65年に行われた日韓会談でも朝鮮人戦犯問題は協議されておらず、彼は釈放された仲間たちと「同進会」を立ち上げ、91年に東京地裁に日本政府を相手に謝罪と補償を要求した。しかし、「日本国籍の喪失と日韓条約によって、請求権の喪失」を理由に、8年続いた裁判は結局敗訴に終わった。

2006年、韓国政府は彼らを日本による強制動員被害者として認定した。しかし、彼は日本政府の公式謝罪こそが「戦犯」という汚名を着せられて死んでいった23人の仲間たちの名誉回復であり、自分が生き残った理由だと信じている。彼は安倍首相に問題の解決を求める要請書を提出するなど、1955年の鳩山一郎首相以降、29人の首相に毎回要請書を送ったが、日本政府はいまも沈黙を守っている。

2008年、日本の民主党政権時に特別法が提出されたが、民主党の没落とともに法案も廃棄されてしまった。15年に90歳を迎える彼は、最後の解決手段として昨年10月14日、韓国の憲法裁判所に憲法訴願審判を請求した。彼は、最後まで祖国を相手にした憲法訴願には躊躇した。「戦犯」が祖国を起訴することに対する批判もあるだろう。しかし、韓国政府と日本政府が彼らの問題を放置してきたのは事実だ。日韓国交正常化から50年、彼らの鎖を切ってあげるべきではないだろうか。もう一つの帰らぬ魂を作ってしまうのか。彼らが戦犯であるなら、私たちは共犯者である。私は李鶴来《イハンネ》だ。

安倍の「オーダーメイド型右傾化」——2015年3月1日

日本の菅義偉官房長官は2月19日、安倍首相が来たる8月に発表する戦後70年談話の文案などを検討する懇談会専門委員16人のリストを発表した。構成員の面々を見てみると、失望と憂慮を禁じえない。懇談会の座長は、安倍首相の経済諮問の役割をしてきた西室泰三日本郵政社長が引き受け、集団的自衛権の拡大解釈を主導してきた北岡伸一国際大学学長が参加した。特に、日米韓の安定的な協力のために日本軍慰安婦問題に対する解決と日韓関係回復が安倍談話の重要な内容にならざるをえないにもかかわらず、日韓関係専門家が一人もいなかった。

なによりも注視しなければならないことは、安倍首相の最側近で「日本会議」の創立者である中西輝政京都大名誉教授が参加している点だ。彼は「戦勝国によって強要された憲法9条がある限り、日本の平和と繁栄を安心して次の世代に渡すことはできない」と主張する改憲勢力の代表者だ。彼と日本会議がこの懇談会を主導する場合、憲法改定のための序曲を作成している可能性がある。

安倍首相の政治ブレーンが日本会議所属という点でこの団体に注目する必要がある。最大の民間右翼政治団体、日本会議は日本独立直後に出現し、建国記念日制定運動（1951～66年）、元号法制定運動（68～79年）を展開してきた。

2003年イラク戦争当時、アメリカの右派宗教団体キリスト教連盟がブッシュ政権に影響を与えたように、日本の右派宗教団体が結集して1974年4月「日本を守る会」を結成した。彼らは、草の根ネットワーク方式を導入し、平和憲法によって消滅した皇室の元号を復活させようという運動を展開した。全国勢力と大衆動員式結集、地方自治団体の決議文採択運動などを実施して、元号法が成立した79年に46都道府県と1600以上の市町村が決議文を採択するなど「大成功」を収めた。当時、青年団体「日本青年協議会」委員長であった衛藤晟一は現在安倍首相の第一補佐官である。

彼らは81年に憲法改正を目的として、宗教団体だけでなく軍人団体などを含めた「日本を守る国民会議」を結成し、97年に両組織を統合して「日本会議」を結成した。現在会員は、約3万5000人、47都道府県に本部と228の支部を維持している。日本会議の発足と同時に「日本会議国会議員懇談会」が結成され、約300人の国会議員が参加しており、安倍内閣の場合、安倍首相を含む菅官房長官など閣僚8人が所属している。また、2007年には地方議員連盟が結成した約1600人の地方自治体議員が参加して国会と強力なネットワークを形成した。

2000年以後、彼らは教科書問題、教育基本法改悪、女性および在日コリアンの権利拡大に反対する運動を全国的に展開し、近年では領土問題、日本軍慰安婦問題、日本人拉致問題などにその存在感を誇示している。14年の集団的自衛権承認要求運動は最近の代表的な成功事例だ。彼らは、これに先立って、13年11月全国大会を通して全国都道府県議会に対する憲法改定の意見書採択運動の方針を公式に決定したところだ。14年2月石川県でこの決議文が採択されて以降、15年1月現在、25の地方議会と200の自治団体で可決された。日本会議は、去年12月衆議院選挙で自民党の圧勝を契機に憲法改正の千載一遇の好機が到来したと見ている。

来たる5月、安倍首相の訪米を通して日米は昨年（２０１４年）以降、懸案の安保ガイドラインを拡大するつもりだ。また、４月に統一地方選挙の結果によって安倍内閣は憲法改正案を軌道に乗せる可能性もある。16年、両院同時選挙を実施した後、憲法９条改正案を国民投票にかけるという政治シナリオである。日本会議が明らかにした日本改造運動は、このように安倍内閣の政策を通してその通りに実現されている。

日本の右傾化は、大衆の保守化傾向にもあるが、長期的でかつ緻密に準備された右派政治組織によってつくられた「オーダーメイド型右傾化」の側面がある。しかし、つくられた右傾化はその大衆的土台が非常に弱い。日本の右翼政治勢力が勝負をかけるこのとき、私たちの対日外交も今や「戦略的忍耐」を脱ぎ捨て、新しい勝負にでなければならない時期ではないだろうか。

福島第一原発被曝労働者たちの絶叫――２０１５年３月29日

３・11原発事故４年を迎えた去る11日、福島市で開かれた「原発いらない！　生命《いのち》のつどい」集会に参加した。この日の行事では、避難民の仮設住宅生活と健康問題、放射能汚染ごみの焼却問題、全国的な原発再稼働反対住民運動の現状など、さまざまな報告がなされた。その中でも「原発いらない福島の女たち」所属の佐藤祥子が発表した福島第1原発（1F・以下第1原発）被曝労働者たちの労働環境に関するアンケート調査分析は、現在進行形である福島原発事故の現実を赤裸々に見せてくれた。

東京電力は第1原発労働者を対象に２０１２年5月から14年9月の間に計5回にわたってアンケート調査をおこなった。主要項目のおおよその内容は次のようだ。

第一に、被曝労働と雇用保障の側面だ。5回目（14年9月）のアンケート結果をみると、第1原発労働者は、今も現場の労働に不安（69・1％）を感じていて、その理由として、家族に対する被曝の影響（87・7％）と被曝量の増加による解雇（10％）を上げていた。２０１４年9月末まで第1原発で働いた３万８４５４人のうち3年半の被曝量20ｍＳｖ以上が７７２６人（５ｍＳｖ×年数は白血病、労災認定基準）、50ｍＳｖ以上が２０７１人（多発性骨髄腫、労災認定基準）、100ｍＳｖ以上は１７４人（胃がん、食道がん、肺がんなど、労災認定基準）だった。また、14年8月〜9月の1か月間に、20ｍＳｖを超過した労働者は１４０人で、東京電力の職員1人を除いて全員が下請け会社の派遣労働者だった。

これは、派遣労働者たちが短期間に高線量の被曝にさらされており、基準を超過すると解雇する形態の「使い捨て雇用」が持続していることを示している。そして第1原発の労働者たちは、作業場の放射能の現状と自身の被曝量に対する具体的な情報提供をきちんと受けられなかったことが明らかになった。長期的な雇用のために労働者1人1人に健康手帳を交付し、定期的な健康診断を実施して、体系的な人員配置計画が要求されている。

第二に、賃金支給の現状だ。2回目（12年10月）のアンケート結果をみると、第1原発の労働者３１８６人のうち１５３３人（48・1％）が、原発事故以前と比較して賃金が増えなかったと答えており、25・5％だけが増えたと答えた。「現在の賃金に第1原発での作業が特別手当として加算されているか」という質問に、加算されていない（32・1％）、よくわからない（47％）と回答して、東京電力と元請け派遣会社の間の契約関係が公開されていないことがわかる。昨年（２０１４年）9月のアンケート調査も、特別手当に対する説明を聞いたが（53・2％）、実際に増加したと答えた人は多くなかった（32％）。チェルノブイリでは、国家が原発労働者たちの住宅と賃金を直接担当したのに比べて、福島の場合は、人材派遣会社が雇用主となることで第1原発現場の労働者たちに公正な賃金や住宅が支給されていないのが現実である。

第三に、労働環境の側面がある。作業環境について第1原発の労働者たちは「破片の散乱、墜落や落下物に対する不安」（1回目アンケート）、「労働時間が長い（休息時間がない）」（4回目）、「現場での事故や負傷への不安」（5回目）を次々と提起した。２０１４年第1原発で発生した労災は約40件で、前年に比べて3倍以上増えた。今年1月19日にも汚染水貯蔵タンクに派遣労働者が落ちて死亡したが、犠牲者は落下防止用のベルトを着用した形跡がなかった。東京電力は、第1原発で労災事故が増加したのは「作業員の絶対数が増加し、個々人に安全ルールがきちんと伝えられなかったこと」が原因と説明している。13年まで第1原発の1日平均作業従事者が約３０００人だったのに比べて、14年度には汚染水対策のための土木工事が本格化し、平均６０００人が現場作業に従事している。

第1原発の場合、福島での現地雇用が約50％だ。故郷に帰ってきた住民たちは地域に対する愛着心、あるいは雇用を求めて再び福島原発に入っている。しかし、ほとんどの他の派遣労働者たちのように、不公正な賃金と不足した情報提供により再び犠牲を強いられている。第1原発の被曝労働者たちの絶叫は福島だけではないだろう。韓国も23か所の「福島」を持っており、その中には非正規職の被曝労働者たちの絶叫が今も聞こえている。

象徴天皇制と平和主義――２０１５年４月26日

去る4月9日、日本の「天皇」と皇后は、戦没者慰霊のために太平洋の小さい島国パラオ共和国を訪問した。天皇皇后が訪問したペリリュー島は日本軍約1万人、アメリカ軍約１７００人が犠牲になったアジア太平洋戦争の激戦地の一つだった。リベラルともいわれる『東京新聞』でさえも、天皇皇后が戦後70周年を迎えて、国籍を問わず犠牲者の霊を慰め、世界平和を祈願する「慰霊の旅行」を自身の強い希望で実行したと、平和主義者「天皇」のイメージを記事にした。

天皇皇后は、戦後50年に当たる1995年には長崎と広島を、戦後60年に当たる2005年にはサイパンを訪問した。11年東日本大震災と安倍内閣の登場以降は「民衆の中」に戻り、「平和憲法9条」を守ろうとする積極的な政治活動もいとわない。13年12月、特定秘密保護法が国会で可決されて、次は、集団的自衛権の承認が予想されている時点で、天皇は「占領下にあった日本は、平和と民主主義を、守るべき大切なものとして、日本国憲法をつくった」と、平和憲法の護持に対する自身の意思を直接的に表明した。

日本国憲法第1条は、天皇を日本国と国民統合の象徴と規定している。これは、戦前の神的な絶対権力としての天皇制がもたらした弊害を反省し、天皇の政治介入の権限を制限し、神から人間にソフトランディングさせた、いわゆる「象徴天皇制」を意味している。一切の武力を拒否して絶対平和主義を追求しようとする憲法9条とともに、戦後日本の平和国家の二大軸であった。

安倍内閣の独走と平和破壊主義に疲れを感じる知識人たちと市民運動家たちでさえも、天皇皇后の一連の平和主義行動を支持する動きが出ている。日本の代表的な小説家であり、多くの文学賞を受けた池澤夏樹は、ハンセン病患者と水俣被害者、3・11災害地域を訪問した皇后美智子について「史上かつて例のない新しい天皇の姿を見ているのではないだろうか」「しかしこれほど自覚的で明快な思想の表現者である天皇をこの国の民が戴いたことはなかった」(14年8月5日)と、平和主義者天皇に対する感情移入を赤裸々に表現している。

日本国憲法の制度的な限界のなかで平和のメッセージを伝えようとする天皇皇后の苦悩と努力は、十分理解することができる。しかし、象徴天皇制の誕生の背景と制度的な役割が、はたして、戦後日本の真の平和を追求できるシステムなのかという問題とは、明確に区別しなければならないだろう。

2000万人が犠牲になった戦争における昭和天皇の戦争責任は誰がみても明白に思えた。しかし、天皇制を利用して戦後の統治を実施しようとする占領軍と、すべての犠牲を甘受しても日本の「国体」だけは維持しようとする日本国内の保守勢力の合作によって、天皇は戦犯としての起訴を免れた。昭和天皇自身も天皇制存続のために政治的妥協を選択したのかもしれない。しかし、戦後日本社会の侵略戦争と植民地支配に対する無反省と無責任主義の根源は、まさにこの象徴天皇制の誕生とコインの裏表であったといえる。

象徴天皇制を批判する評論家の太田昌国は、「自然災害や人的災害の被害者を区別せず、皆を慰霊する祈祷の政治的行為は、無責任制度である象徴天皇制を継承したその地位では意味がない」と批判する。そして、天皇皇后の平和の行動は、安倍内閣の軍国主義行動に対する補完効果として極右・保守政治の延長線としてのもう一つの軸を担当する役割をしているとも批判する。

１９８９年昭和天皇の逝去後、即位した明仁天皇は記者会見で、昭和天皇の戦争責任に対する質問を受けた。しかし、彼は「答弁できる立場にない」と回答を回避した。多分、明仁天皇は死去するその日まで父の戦争犯罪について言及することはむずかしいかもしれない。しかし、象徴天皇制が真の日本の平和構築のシステムになるためには、慰霊の旅行も重要だが、だれも起訴することができなかった父親・昭和天皇の戦争犯罪に対して、天皇自らがまず国民に認める「結者解之《キョルチャヘジ》」（自分が起こした問題や過ちは自分で解決するという意味）を成し遂げてこそ可能だろう。地方に疎開した自身の経験によって、だれよりも戦争の残酷さを知っている天皇皇后だから、戦後70年を日本と東アジアの和解の真の「慰霊の年」にすることを期待する。

4章

韓国の「反日」は、なぜ今も続いているのか？

——日韓国交正常化50年をたどる

1　なぜ「反日」の国であり続けているのか？

日本社会では、韓国は「反日」の国としてよく紹介される。１９１０年から35年間も日本の植民地にされた国の国民として、「反日」感情を抱くのは当然のことかもしれない。しかし、韓国がなぜ「反日」の国であり続けているのか、日本社会ではあまり説明されていない。韓国社会が持っている日本社会への不満や「反日」行動にはいくつかの歴史的な変遷がある。ここでは、戦後日韓関係の展開を辿りながら、その中で韓国社会が抱く「反日」の意識がどのようにして形成され、持続されてきたのかについてみていく。

２０１５年は戦後70年で、日韓国交正常化50年になる年である。日韓関係は、三つの転換期──１９４５年、65年、98年──を節目に展開されてきた。45年8月15日、韓国は日本の植民地から解放され、日韓は別々の国になった。いわゆる「45年8月体制」である。しかし、日韓が国交を正常化し、人々が自由に移動できるようになるのは、20年後の65年6月、日韓条約が締結されて以降である。日本は朝鮮半島の二つの政府のうち韓国を選択し、植民地処理は「経済協力」方式で決着をつける、いわゆる「65年体制」を成立させた。日韓関係が市民交流を含めて画期的な転換を果たしたのは、98年日韓パートナーシップ宣言が合意され、韓国映画、ドラマ、K-POPなどの文化開放が始まってからである。いわゆる「98年韓流体制」である。

２００４年にＮＨＫでドラマ『冬のソナタ』が放送されて以降、年間３００万以上の人々の旺盛な交流が続いた。しかし、近年は親韓というよりは、「嫌韓」の動きが目立っている。現在は、独島（竹島）をめぐる領土問題、戦前の日本軍による女性への性暴力の問題として議論されている「日本軍慰安婦」の歴史問題など、あらゆる問題が対立している。韓流による日韓市民交流10年の結果が「嫌韓」「反日」という予想外の事態に直面し、日韓関係と日韓市民交流の再検証が必要とされる時代になっている。日韓関係の改善にはどのような方法がありうるのか、その容易ではない課題を実現する可能性についても探ってみたい。

2　冷戦時代に形成された日韓関係と未清算の歴史問題

(1) 戦後直後の日韓関係と歴史認識の相違（1950年代）

東京裁判と講和条約で風化された植民地支配の責任問題

日本の敗戦は35年間の植民地支配が終結し、朝鮮が独立国家になったことを意味した。それは43年11月の「カイロ宣言」、45年7月の「ポツダム宣言」によっても確認されている。しかし、米ソ冷戦開始の影響を受け、朝鮮半島は38度線による分断統治、48年には対立する二つの政権（8月大韓民国、9月朝鮮民主主義人民共和国）が南北に樹立された。

戦後、日韓両国が植民地支配問題に関する公式の交渉を始めたのは、50年朝鮮戦争が勃発してからである。朝鮮戦争をきっかけにアメリカは日本にアジアの反共防波堤の役割を期待し、対日講和を急いだ。この対日講和の動きに李承晩《イスンマン》政権は強い関心を示し、講和条約を締結する連合国のなかに韓国を加えることを要求した。これには、日本に対する勝戦国の地位を得て、戦争賠償などでも有利な立場を占めようとする韓国側の政治的な意図もあったとみられる。

しかし、韓国が連合国の一員として講和会議に招かれることはなく、オブザーバーの地位にとどまった。それは、中国に亡命していた大韓民国臨時政府が国際的な承認をえた政府として認められていなかったことと、韓国の対日賠償要求により日本との講和条約の締結が遅くなるのをアメリカが懸念したためである。最近の研究によると、当時吉田首相は、アメリカとの講和交渉のなかで、韓国の署名国への参加反対と、戦後補償の対象となりうる在日朝鮮人の日本国籍の剝奪を強く要求していたことが明らかになっている。

朝鮮戦争で開始された日韓会談

52年2月、国交正常化のための第1次日韓政府間交渉が始まった。しかし、交渉の過程で日本側がみせた、植民地支配責任に対する認識の不在、朝鮮半島に対する差別意識といった態度は、植民地支配への謝罪と補償を期待していた韓国の民族感情を刺激し交渉は何度も決裂した。代表的な例が「久保田発言」であった。1953年10月15日、日本の外務省参与久保田貫一郎は財産請求権委員会第2回会談に参加していた。久保田は冒頭発言で、（1）36年間、日本が韓国を占領していたのは韓国国民にとって有益であった、（2）韓国民族を奴隷化したとしたカイロ宣言（43年11月、ルーズベルト、チャーチル、蔣介石による共同宣言。日本の無条件降伏や朝鮮の独立を約束するなど連合国の対日方針が定められた）は、連合国の戦時ヒステリーの表現である、とする自分の所信を述べた。この久保田発言に対して韓国代表団は「政治的妄言」と強く反発し交渉を打ち切った。だが、日本側では政府の考え方を代弁していたという認識が大勢を占め、言論界でもあまり批判的な扱いはされなかった。

一方、李承晩政権は、講和条約の締結により日本が独立国家になり、ＧＨＱ（連合国軍最高司令官総司令部）が日本の漁業区域を定めていたマッカーサーラインが廃止されそうになると、韓国の海洋主権を定める「李承晩ライン」（通称：李ライン）を一方的に設定し（52年1月18日）、独島（竹島）を実効支配した。これにより、独島（竹島）周辺で漁業をおこなっていた多くの日本人漁師と漁船が韓国政府に拿捕されるようになり、「韓国は反日国家」というイメージを日本社会に印象づけることとなった。

このように、日本は講和条約で戦争責任は問われたものの、アジア諸国への植民地支配の責任を問われたことはなかった。一方、韓国の李承晩政権は、李ラインを設定するなど日本への「反日政策」を実施した。それは朝鮮の独立以降、日本の影響力の拡大や再侵略への懸念によるものであったとみられる。しかし、その対日強硬政策は、朝鮮戦争を契機に高揚していた韓国の北朝鮮への脅威を強調する反共政策とともに、長期政権を狙っていた李承晩の政治的な目的を正当化するための政治的イデオロギーとしての特徴もあった。

要するに、戦争直後の韓国政府の「反日政策」と日本政府の「妄言政治」により、日韓関係は正常化交渉の前段階から歴史認識をはじめとして相互の状況認識に大きな隔たりをみせていた。

（2）65年日韓会談と「未完の国交正常化体制」（1960年代）

アメリカのベトナム戦争拡大が促した日韓条約の調印

久保田発言により中断していた日韓会談が再開されたのは、60年代前半の国際情勢の変化と韓国国内情勢の変化がその背景にある。1960年4月、「反日政策」をとっていた李承晩政権は4・19学生革命によって崩壊したが、翌61年5月16日には、朴正熙《パクチョンヒ》少将の軍事クーデターによって軍事政権が登場した。一方日本では、60年7月17日、安保条約を締結して退陣した岸信介内閣に代わって池田勇人内閣が成立した。池田内閣は、経済協力による外交を重視していたため、韓国への経済支援に前向きであった。

日韓で新体制が登場したことを受け、61年10月、第5次日韓会談が開かれた。さらに、64年に入ると日韓会談は一気に加速された。それは、ベトナム戦争の全面介入を考えていたアメリカの東アジア政策の変化による影響でもあった。アメリカにとって、基地を提供してくれる日本と、軍隊を派遣してくれる韓国との軍事同盟の強化は、ベトナム戦争を遂行するうえで不可欠なものであった。

65年2月、外相に任命された椎名悦三郎は、ソウルを訪れ、「韓国との不幸な過去を深く反省し」、「大韓民国政府は朝鮮半島にある唯一の合法的な政府である」ことを確認した。そして、日韓政府は4月までに国交正常化に必要な基本問題にほとんど合意していた。例えば、李ライン設定の問題は、これを撤回し、その代わりに国際海洋法で定めている12マイルの漁業水域を相互の海洋線の基準とすることに合意した。また、45年8月以前から日本に居住する韓国人とその直系子孫の法的地位問題も、韓国の公民として扱われ、永住の地位が与えられるようになった。在日韓国・朝鮮人は52年4月、日本の独立と同時に日本国籍が剝奪され、事実上無国籍者になっていた。

この時期の日韓国交正常化交渉は、日韓両国の著しく異なる歴史認識の違いを残したまま、アメリカの東アジア政策の変化のなかで、日米韓軍事同盟を強化し冷戦構造を固定させていく過程でおこなわれたものであった。そのため、植民地支配問題とそれに関連する日本軍慰安婦、強制連行された労働者の賃金未払い問題など人道的な問題に関して専門家をまじえた長期的な交渉が必要であったにもかかわらず、日韓両政府はアメリカの圧力を受け、国内の社会的合意を得ないまま交渉を進めていった。当時、日韓両国で学生や市民団体の激しい反対デモがおこなわれていたことは、日韓国交正常化をめぐる認識に市民社会と政府とでは大きなギャップがあったことを裏付けているといえるだろう。

「未完の65年国交正常化体制」で取り残された戦争被害者

日韓会談は65年6月22日、約15年の歳月を経て日韓基本条約として正式に調印された。しかし、この基本条約は最初から戦後の日韓関係を「不安定な正常化関係」にするいくつかの問題を孕んでいた。

第1に、植民地支配責任の曖昧な処理である。条約前文は、「日本国および大韓民国は、両国民の関係の歴史的な背景と、善隣関係および主権の相互尊重の原則に基づく両国間の関係の正常化に対する相互の希望とを考慮し、(中略)この基本関係に関する条約を締結することを決定」したと述べている。だが、全文のどこにも植民地支配に対する日本側の反省や謝罪の文句は見当たらない。

第2に、1910年の韓国強制併合は合法か非合法かの問題である。条約第2条には、「1910年8月22日以前大日本帝国と大韓帝国との間で締結されたすべての条約および協定は、もはや無効であることが確認される」としている。これは、日本による韓国併合が「もはや無効」という認識に日韓両政府は一致しているが、当時の併合が合法だったか非合法だったのかについての具体的な説明は書かれなかった。国会でも論争になり、日本は合法、韓国は非合法というそれぞれの解釈に委ねられたまま現在に至っている。

第3に、戦争賠償は経済協力方式で決着づけられたことである。基本条約とともに締結された請求権および経済協力協定は、第1条で「日本国は、大韓民国に対し、（a）現在において1800億円に換算される3億合衆国ドルに等しい円の価値を有する日本国の生産物および日本人の役務を、（中略）無償で供与するものとする。（中略）（b）現在において720億円に換算される2億合衆国ドルに等しい円の額に達するまでの長期低利の貸付けで、（中略）前記の供与および貸付けは、大韓民国の経済の発展に役立つものでなければならない」としている。

これは、日韓請求権交渉（注：請求権とは他人に対して一定の行為を要求する権利。日本およびその国民がとった戦争や、植民地支配の行動から生じた韓国およびその国民の請求権）の結果、日韓両政府は植民地支配に対して、「日本による無償供与3億ドル、有償貸付け2億ドル」で決着をつけたのである。つまり、韓国政府が請求権を放棄する代わりに、日本政府は経済協力をおこなう、と決めた。そして、日韓両政府は請求権に関する問題は「完全かつ最終的に解決されたことになることを確認」したと合意している。

この「65年日韓国交正常化体制」は、日本の植民地支配責任をあいまいにした条約の性格面でも、北朝鮮との日朝国交正常化が同時に行なわれなかった点においても、「未完の国交正常化体制」であった。また後に問題になる戦後補償の多くの課題――日本軍慰安婦問題、強制動員被害者の賃金未払金問題、被爆者の問題、BC級韓国朝鮮人戦犯の問題、シベリア抑留韓国朝鮮人兵士問題、サハリン韓人引き揚げ問題など――

が具体的に取り上げられないまま、韓国政府はその請求権を放棄した。これは現在にまで国家の請求権放棄の範囲をめぐる論争となり、たとえば、強制動員されていた九州の炭坑から賃金未払いのまま帰国した労働者が、個人請求権に基づいて当時の企業を相手に補償要求の裁判を起こす原因ともなっている。

(3) 日韓安保経済協力と「反日」市民行動の台頭(1970~80年代)
「金大中拉致事件」と「文世光事件」の「政治決着」

日韓国交正常化以降の日韓関係は歴史問題より経済協力関係に傾斜していく。70年代、日本がアジアの経済大国として登場すると朝鮮半島に対する日本の影響力も増大した。ニクソン大統領の中国訪問と日中国交正常化(72年)、ベトナム戦争の終結(75年)など国際情勢と地域情勢が急変するなかで、北朝鮮と経済成長率や体制競争をしていた韓国政府にとって日本は重要なパートナーとなった。ベトナム戦争の拡大をきっかけに日韓国交正常化を積極的に推進させたアメリカも、70年代には東アジア安定化のために日韓関係を重視し、特に経済協力に力点を置いた。

一方、日韓の政治体制の違いと韓国の軍事独裁体制の強化も日韓関係悪化の原因となった。朴正熙軍事政権は急変する国際情勢を名分に国内の民主主義を制限する、いわゆる「維新体制」を実施した。72年10月17日、朴正熙大統領は全国に非常戒厳令を発令し、その後、国家の正常な機能を中断して、大統領に立法、行政、司法の三権を集中させる維新憲法を制定したのである。

当時野党の指導者であった金大中《キムデジュン》は、日本で朴正熙の維新独裁体制を強く批判する活動をしていたが、73年8月、ホテルに滞在していたところを韓国中央情報部(KCIA)により拉致され、韓国に連れ戻される事件が起きた(金大中拉致事件)。さらに、翌74年8月には、日本から来た在日韓国人青年・文世光《ムンセグァン》により8・15記念式場での朴正熙大統領の暗殺未遂と夫人陸英修《ユクヨンス》死亡事件が起き(文世光事件)、日韓関係は国交正常化以降最大の危機を迎えることとなった。

「金大中拉致事件」と「文世光事件」の責任をめぐり日韓両国は攻防を繰り返した。「金大中拉致事件」で日本政府は主権侵害を主張したが、韓国政府は北朝鮮との対立を名分に「反体制人物＝北朝鮮同調者」という論理で拉致行為を正当化しようとした。しかし、二つの事件を通じて、日本政府は北朝鮮という国を配慮しており、また在日コリアンの人々は、韓国の公民だけでなく、一部は北朝鮮の公民になることを想定していることが明らかになる。これは、朝鮮半島で唯一の合法政府であり、海外公民はすべて韓国の公民であることを主張している韓国政府にとって、日本政府の認識の限界を感じさせられるものとなった。韓国では連日日本政府に抗議するデモがおこなわれた。一方、日本では、軍事独裁の朴正煕政権を支援している日本政府を批判するデモが行われた。日韓両国でこうした世論が高まるなか、結局アメリカの仲裁の下で、75年7月に日韓両政府は二つの事件に関して責任を追及しない「政治決着」に向けての政治交渉をおこなった。

「政治決着」による日韓関係の修復が進むと、それまで延期されていた日韓貿易会議（10月）と日韓外相会議（11月）も再開された。その直後、韓国政府は2億ドル相当の新規借款を日本政府に要請し、了承された。一方、74年12月20日に文世光の死刑が執行され、未解決の問題を残したまま経済協力に基づく日韓新協力体制はスタートした。

このように、70年代の日韓関係には新しい経済協力体制が登場した。しかし、朝鮮半島における正統性を争う南北政府の論争の影響で、日韓関係は政治的緊張関係にもあった。朝鮮半島における唯一の合法政府であることを主張している韓国政府にとって、北朝鮮とも文化交流などを進めている日本政府の立場は、韓国政府の唯一正統性の否定や主権侵害と受け止められ、激しい抗議デモを誘発した。しかし、このデモ行動は、韓国市民のなかから自発的に生まれたものとはいいがたい。むしろ、対日外交を優位に進め独裁体制を正当化しようとする朴正煕政権の政治的意図による「官製デモ」の性格が強かったといえるだろう。

安保経済協力と反発する韓国市民社会

80年代の日韓関係は、韓国では80年光州虐殺事件と全斗煥《チョンドファン》新軍部の登場、日本では歴史教科書問題、在日韓国朝鮮人の指紋押捺制度の問題、中曽根首相の靖国神社公式参拝など、日韓両国の国内問題が互いの市民社会に影響を及ぼした。

79年朴正煕大統領がその側近に暗殺されると、同年12月12日、朴正煕系列を継承する軍人らにより軍事クーデターが起こされた。その中心人物・全斗煥が率いる新軍部は、朴正煕体制に続いて軍事政権の延長を画策していた。80年5月、全斗煥率いる新軍部の登場に抗議して、光州地域では「新軍部退陣と野党指導者金大中の釈放」を求める学生デモが起きた。

新軍部は、学生たちの民主化要求が全国へ拡大することをおそれ、軍事境界線に北朝鮮の侵略に備えて配置していた空挺部隊をこの地方都市に派兵して武力で鎮圧した（80年5月光州民主化運動）。その後新軍部は野党指導者金大中に内乱煽動罪で死刑を宣告する一方で、全斗煥を80年8月、間接選挙で大統領に選んだ。しかし、全斗煥政権は発足から正統性に問題を抱えており、非常に不安定な政権であった。

日米をはじめ国際社会からの圧力もあり、82年1月、金大中は無期懲役に減刑され、アメリカへの出国を条件に刑の執行を停止された。一方、全斗煥政権は金大中釈放の代わりとして、「朝鮮半島の平和と安全のための韓国の努力」といいながら、日本政府に新たな借款として60億ドルの支援を要請した。それは、韓国が北朝鮮など共産主義の国と対峙しており、韓国の共産化は日本の共産化を招くという「運命共同体論」に基づく、いわゆる「安保経済協力」への要求であった。

日韓の間で安保経済協力の交渉がおこなわれているなか、82年6月、日本の新聞報道により、83年から使用される教科書の検定問題が大きく取り上げられた。韓国やアジア関連記述のなかで、「アジアへの侵略」

が「進出」という表現に変更されるなど、「文部省による歴史記述の歪曲」問題が初めて台頭した。

教科書問題をめぐる日韓・日中の対立は、82年8月26日の宮沢喜一官房長官の統一見解の談話で収拾された。宮沢は「アジアの近隣諸国との友好、親善を進める上でこれらの批判に充分に耳を傾け、政府の責任において是正する」と明らかにした。いわゆる「近隣諸国条項」による配慮であった。全斗煥政権はこの方針を受け入れたが、国民は「日本政府は信用できない」として強く反発した。また、85年8月15日におこなわれた中曽根首相の靖国参拝は、戦前の歴史の歪曲と美化を正当化するものであるとして韓国市民社会から一層強い反発を招いた。

韓国の軍事政権は国内メディアを統制し世論操作をおこなっていたが、いくら軍事独裁の暴力的な権威主義政権であっても、国民の「反日」世論を抑えるには限界があった。それは80年の光州事件以降、事件の「真相究明、責任者処罰」を要求する韓国市民たちの目覚めた抗議行動と関係がある。国家暴力による不正義に対して市民たちは真相究明および社会民主化を要求し、同じことを日本政府の戦争美化と正当化に対しても当てはめるようになったのである。また、日本の歴史問題への挑発行為に対して、経済協力を得るために弱腰外交を続けている全斗煥政権への不満も、「反日」意識を強める原因となった。

3　脱冷戦時代の日韓関係の変化と揺れる65年体制

(1) 冷戦終結・民主化運動と個人請求権問題の台頭

冷戦終結と民主化運動の影響で台頭した個人請求権問題

東欧の社会主義の崩壊および冷戦の終結は、東アジアの冷戦構造にもデタント（緊張緩和）をもたらした。90年韓ソ国交正常化、91年南北国連同時加盟、92年中韓国交正常化、日朝国交正常化交渉も開始された。90

年代の日韓関係は、90年3党共同宣言（朝鮮労働党、自民党、公明党）による日朝交渉の影響を受けた。
3党共同宣言では、日朝両政府は、戦前の植民地支配への補償だけでなく、「戦後45年への謝罪と補償」を明記したことが明らかになった。これに対して韓国の盧泰愚《ノテウ》政権は、65年体制の補償の範囲を越える日朝間の「頭越し」合意に強く反発した。また、92年3月の第2回日朝国交正常化交渉で、日本政府は植民地時代の旧条約が「合法的に締結、実施」されたとする見解を述べると、韓国社会のなかで旧条約解釈に関して日本への抗議を求める要求が強まった。盧泰愚政権は日朝交渉での争点を対日外交問題にはしなかったが、日朝交渉の合意内容によっては、日韓国交正常化交渉時に日本政府と曖昧な問題処理をしていた韓国政府の正統性の問題が指摘される可能性もあった。

一方、90年5月、「韓国挺身隊問題対策協議会」は、盧泰愚大統領の訪日の前に、日本政府に対して謝罪と補償を要求した。特に、91年8月14日、金学順《キムハクスン》さんの公開証言をきっかけに台頭した元日本軍慰安婦問題は、65年国交正常化体制で解決済みであったはずの歴史問題を根本から揺るがすものでもあった。続いて、元軍人・軍属や元日本軍慰安婦たちが謝罪と補償を求めて相次いで日本政府を提訴した。この戦後補償裁判は65年日韓条約により請求権が放棄されていることを根拠にほとんどが棄却されているが、90年から２０００年までの10年間で約60件の訴訟が提起されている。

元日本軍慰安婦問題に対しては、92年1月17日に訪韓した宮沢首相が謝罪の言葉を述べると、半年後の92年7月6日、日本政府は初めて慰安婦の募集や慰安所の運営などに国が関与していたことを認めた。93年8月4日、河野洋平官房長官が日本政府の調査結果を発表し、元日本軍慰安婦問題での「軍の関与」と「強制性」を認めるに至った（河野談話）。そして日本政府の公式の謝罪の形ではないが、村山内閣のとき、95年7月に五十嵐広三官房長官の声明を受けて「女性のためのアジア平和国民基金」（通称、アジア女性基金）が設置され、民間基金による補償を実施した（２００７年3月解散）。

このように、冷戦時代に日韓は対共産陣営に対する同盟国家の立場から、歴史問題よりも安保問題を優先してきた。ところが、東アジアのデタントを迎えて、65年日韓条約体制で曖昧にされていた個人請求権に基づく戦後補償問題が台頭した。これは、87年6月の民主化運動以降、韓国市民社会の民主化意識の高揚で、従来の権威主義体制により抑止されていたさまざまな歴史認識が多様な分野から噴出するようになったことを意味していた。

北朝鮮問題・過去清算運動とリンクした日韓関係

93年に発足した金泳三《キムヨンサム》政権は、32年ぶりの「文民政権」として、軍事政権との差異化を図ろうとした。95年8月9日、金泳三大統領は戦後50年国会決議を受けてのコメントで、「日本が日韓関係を犠牲にしてまで、日朝関係を進めないことを期待する」、「日米両国の北朝鮮との交渉は、朝鮮半島の平和と安定に寄与する方向で進められることが望ましい。そのためには日本とアメリカの対北朝鮮関係改善を、南北関係の改善と『調和と並行』を保ちながら進めていくことが必要だ」と述べた。これは、90年代に登場していた北朝鮮の核開発疑惑、中長距離ミサイル開発疑惑などに対応しようとする日本政府の外交を、金泳三政権は日韓外交関係にリンクさせることで、孤立化を防ぎ、韓国政府主導の南北関係改善および日韓関係を維持する手段として考えていたとみられる。

95年8月15日、閣議決定された村山首相の談話は、戦争責任とその反省について踏み込んだものであった（村山談話）。しかし、同年10月5日、村山首相は参議院本会議で、日韓併合条約は政治的・道義的に問題はあったが、「法的に有効に締結された」と発言した。この発言の内容は、65年日韓条約締結以来、日本政府の一貫した立場を公式に表明したに過ぎないものであったが、韓国内の「反日」世論は沸騰した。旧条約の「有効性」をめぐる日韓の対立は65年体制以降にもそのまま平行線を辿っていることが明らかになったのである。

金泳三大統領は95年末、時効を迎えた80年光州事件に関して「光州特別法」を制定して、「軍政による過去清算」をおこなった。その結果、全斗煥・盧泰愚の元大統領2人が「反乱罪」で逮捕され、法廷に立たされるという歴史的な局面となった。このように、軍事政権時代の国家暴力に対して真相究明と補償を求める「過去清算」の動きは、日本の植民地時代の遺産に対しても「歴史立て直し」運動として展開されるようになった。しかし、金泳三政権は、日本植民地時代を象徴する建物である朝鮮総督府の撤去を実施（95年）したものの、植民地時代の対日協力者である親日派問題まで取り上げることはなかった。

（2）「98年韓流体制」と日韓関係の転換期
対日太陽政策がもたらした「98年韓流体制」

一方、2000年代の日韓関係は画期的な変化を迎えた。日韓のあいだで素直に「友好」の言葉が強調された時代であった。その背景には、1998年10月8日に訪日した金大中大統領と小渕恵三首相とによる「日韓共同宣言――21世紀に向けた新たな日韓パートナーシップ――」の影響が大きい。この宣言で日韓両国は、「過去を直視しながら未来志向の関係」を発展させ、地域と国際社会において両国の協調を前進させることに合意したのである。

具体的な行動計画として、北朝鮮の核開発とミサイル問題で協力、日韓の安全保障政策定期協議の開催、日韓防衛当局者の交流、多国間安全保障フォーラムの推進があった。また大衆文化の段階的開放措置も実施された。これにより日本では「韓流」、韓国では「日流」という現象が起きた。さらに2002年サッカーW杯日韓共催を成功裏に開催し、文化・スポーツなど多様な分野での市民交流も盛んにおこなわれた。この時期から日韓の間では年間300万以上の人々が移動する時代となった。

ところが、01年には、歴史教科書問題で日韓関係に歴史問題が再燃した。韓国政府は歴史教科書の修正を要求し、対日文化開放計画の一時中断、日韓相互交流計画を取り消した。また、小泉首相の靖国参拝（8月13日）は、1985年8月中曽根首相の公式参拝以来、焦点化されていなかった首相の参拝問題を再燃させた。小泉首相は5年間の任期中毎年靖国を参拝して、日中・日韓関係を悪化させ、また、10年12月に大阪高裁から違憲判決を受けた。これをきっかけに韓国の国会では65年に締結した日韓条約の廃棄要求が台頭したりした。

2001年の歴史教科書問題による日韓関係の緊張は、扶桑社の教科書採択率が0・039％にとどまることで局面が変わった。また、首相の靖国参拝に関しては、日本側が打ち出した「新追悼施設」案で収拾を図った。金大中政権は国内の「反日」世論を抑えながら日韓協調関係を維持しようとした。これは、北朝鮮に対してとっていたいわゆる「太陽政策」と呼ばれる宥和政策を、文化交流などを通じて日本にも実施したものといえるだろう。

過去清算運動と歴史修正主義の認識のギャップがもたらす日韓葛藤の時代

02年、金大中政権を継承して盧武鉉《ノムヒョン》政権が登場した。盧武鉉大統領は、05年の3・1記念演説で、歴史教科書問題に関して「過去の侵略と強権の歴史を美化する歴史教科書が、是正されないまま中央政府の検定を通過するという事態に大きな懸念を抱いている」と述べた。また独島（竹島）問題に対しては、「単純な領有権問題でなく、解放の歴史を否定し、過去の侵略を正当化する行為だ」と述べた。独島（竹島）問題は日本にとって「領土問題」であるが、韓国にとっては日露戦争から始まった「植民地と歴史認識の問題」であることを明らかにしたものであった。

盧武鉉大統領は日本の歴史認識に対してしばしば厳しい評価をした。それには、弁護士出身で民主化運動で成長した彼の個人的なバックグラウンドが影響していた。盧武鉉大統領の「反日政策」は、盧武鉉政権が正面から取り組んでいた日本植民地時代の遺産に対する過去清算政策の延長線上として理解する必要がある。

盧武鉉政権は、04年3月に「日帝強占下親日反民族行為真相究明に関する特別法」を成立させ、05年1月と8月には日韓会談・日韓条約に関する外交文書を全面公開した。植民地時代の被害者たちの文書公開要求訴訟の結果を受けたものであったが、日本側は韓国政府の一方的な公開に困惑を示した。

日本のメディアは、盧武鉉政権の「親日派特別法」に対して「反日政権」というレッテルを貼った。だが、盧武鉉政権による「親日派特別法」の主な目的は個人への処罰ではなく、日本帝国主義に協力した知識人や社会人の親日行為を記録として残そうとすることであった。たとえば、朴正熙大統領は韓国社会では「経済成長の父」というプラスの側面だけが取り上げられているが、彼が植民地時代、朝鮮独立運動家を弾圧した満州関東軍の特殊部隊出身であったことは韓国の歴史教科書にも書かれなかったし、国民にも教えられてこなかったのである。

盧武鉉大統領が国内の民主化の論理を「外交の民主化」にまで適応しようとしたのは、日韓の複雑な戦後関係を考慮すると効果的な外交ではなかったといえる。しかし、韓国社会の民主化実現と国家暴力問題に対する韓国社会の過去清算運動は、韓国市民社会が日本植民地時代の歴史に対しても非常に厳しい認識を持つことを促す社会的な力となったことは事実である。一方日本では、歴史清算運動を「自虐史観」と批判し、90年代半ばからは「歴史修正主義」を堂々と主張する政治勢力が登場し、侵略政治を正当化する雰囲気が社会を覆っている。

（3）新保守政権の登場と正統性の奪還をめざして「領土ナショナリズム」を利用する新保守政権

08年から韓国は保守政権に戻った。戦後の日韓関係は保守勢力によって国交正常化・経済協力・日米韓安保協力体制が維持されてきたことから、日韓関係改善が期待された。はじめ李明博政権は「過去事にこだわらず、未来に進もう」とし、歴史問題を厳しく指摘しないまま日本との友好関係を目指した。しかし、奪われていた保守の正統性を取り戻すために、後半の李明博政権とそれに続く朴槿恵政権は日本に強硬政策をとったことが、日韓関係を想像以上に悪化させてしまった。

李明博政権のとき、独島（竹島）問題は新たな局面になってしまった。日本の2008年版防衛白書に「竹島は日本固有の領土」と記載されたことをめぐり、日韓関係は再び冷却し、それ以降毎年防衛白書の竹島表記問題は日韓関係の懸案事項になっている。

09年、政権交代により、民主党鳩山由紀夫内閣が登場し、日韓関係は新しい局面を迎えた。鳩山政権はアジア外交を重視しながら「民主党政権は歴史を直視する勇気を持っている」と述べ、歴史問題や日韓関係の懸案事項の解決に前向きの姿勢をみせた。しかし、同年12月、文部科学省により竹島領有権が含まれた高校学習指導要領解説書が発表されると、日韓関係はまたもや冷え込んだ。

日本の歴史問題をあまり取り上げなかった李明博大統領は、任期が終わる直前の12年8月、韓国大統領として初めて独島を電撃的に訪問し、日本の天皇に過去の歴史問題への謝罪を促す発言をするなど、日本への不満を爆発させた。当時、李明博政権は腐敗問題で窮地に追い込まれていたので、独島訪問は政局の転換を狙っていたという分析もあるが、「領土ナショナリズム」を政権の危機克服の手段として積極的に利用したことに間違いはないだろう。

戦後最悪の状況に陥った日韓関係の中で、李明博大統領が独島を訪問する以前の10年、日本の内閣府がおこなった世論調査によると、日本人の韓国に対する好感度は68％で戦後最高を記録した。しかし、独島訪問後の12年10月、同機関の世論調査では18・4％までに急落した。日本と韓国の新保守政権は、弱い政治基盤を強化するために「領土ナショナリズム」のパンドラの箱をお互いに開けてしまったのである。

歴史解釈の取り戻しと保守政権の正統性の強化

09年韓国では朴槿恵政権が登場し、日本では12年に第2次安倍内閣が登場した。韓国で初の女性大統領である朴槿恵大統領は元日本軍慰安婦問題の解決を対日外交の優先課題とした。一方安倍政権は、世界的に日本の品位を傷つけているとして、元日本軍慰安婦問題に謝罪した河野談話の修正を目指すなど歴史修正主義に一層傾斜している。日韓関係は平行線どころか、悪化しているのが現状である。

安倍内閣の元日本軍慰安婦問題への謝罪を修正しようとする動きは戦略的で緻密である。第1次安倍内閣で、安倍首相は06年10月6日、元日本軍慰安婦問題に関して「狭義の強制性」を否定する発言をおこない、07年3月1日の閣議では、1993年の河野官房長官談話について「政府が発見した資料の中には、軍や官憲による、いわゆる強制連行を直接示すような記述は見当たらなかった」とする答弁書を決定し提出した。

第2次安倍内閣の登場以降、2014年2月、菅義偉官房長官は、河野談話の根拠となった元慰安婦による証言内容を検証する意向を示した。韓国が河野談話修正に関して強い反発をしているなか、6月20日、アメリカ国務省の報道官は、「日本が近隣国との関係を改善する上で重要な節目となった」として、河野談話の堅持を要求した。結局安倍首相は河野談話継承を発表したものの、歴史修正主義への不信感を払拭させるまでには至っていない。

元日本軍慰安婦問題は、人権問題の対立というよりは、国内の保守派の支持を固めて権力の基盤を安定させようとする日韓新保守政権の思惑が衝突した結果であるともいえる。歴史問題を優先課題として設定している朴槿恵政権の対日政策は、日韓関係の入口を狭め、関係改善の見通しは立たないままである。一方、歴史問題に対する韓国と中国の連携は緊密化し経済交流が増えているなか、日本は東アジアで孤立を深め、日米関係の強化と日朝接近に向かうだけであって、中国や韓国との関係改善への誠意の意思をみせないままである。結局、日本と韓国は東アジアの安定的な平和秩序を構築するために何が必要かを真剣に考え、粘り強く未来への宣言を実践していく途《みち》しか残っていないのではないか。

4　真の日韓協力関係の構築のために

戦後の日韓関係は、65年日韓国交正常化体制でも、98年韓流体制でも歴史問題を曖昧にしたままで関係改善を模索してきた。その結果、日韓国交正常化50年を迎えるいま、日韓の間には友好関係ではなく、葛藤と不信の溝が広がっている。このような日韓関係を長期的に改善し安定させていくためにはいくつかの条件が必要である。

第一に、歴史問題の解決は避けられない。しかしその解決を国にのみ任せるのは、自国中心の歴史観の平行線を辿るだけである。両国家が認める第3者の視点を入れた歴史共同委員会を通じて、長期的な視点で研究および共同教材開発まで委任する必要があるだろう。それには、２０００年代に日中韓市民団体によって作成された共同歴史教科書を活用する方法もある。

第二に、日韓関係は歴史問題以外にも東アジア地域のさまざまな懸案事項を共同で管理する体制の構築が必要である。日韓両国は、北朝鮮の核、ミサイルなど安全保障問題だけでなく、地域の環境汚染、海洋資源の共同管理など地域発展のために協力しなければならない課題が山積している。その意味で歴史問題と政治・経済問題を分離して対応する柔軟性を持つ必要もあるだろう。

第三に、日韓関係は政治的な対立にもかかわらず、民間交流は中断しないで持続することが必要である。長期的な視点からみると、日韓の間には朝鮮通信史の時代から戦争―交流―協力―葛藤の繰り返しの歴史がある。民間交流が日韓の信頼の礎となってその持続性を保障する必要があるだろう。

最後に、戦後50年を迎えた日韓関係が現在抱えている課題を克服し、今後50年に真の協力関係を構築するためには、相互の文化と歴史を尊重し合うことが第1歩になるだろう。

掲載誌一覧

1章

「日韓国交正常化50年　今我々に問われている真の市民連帯とは―民主化以降の民主化の時代を生きる者の視点から―」（２０１５年4月17日、池明観先生を囲む会―東アジアの状況について語る）『富坂キリスト教センター紀要』（第６号）公益財団法人基督教イースト・エイジャ・ミッション富坂キリスト教センター、２０１６年3月。

3章

『ハンギョレ』連載（原文は韓国語）

責任ある対日外交の必要性（２０１３年11月24日）

国鉄民営化以降始まった日本の復讐（２０１３年12月22日）

なぜ安倍の暴走は止まらないのか（２０１４年5月18日）

日韓首脳会談に介入しよう（２０１４年7月17日）

靖国とセウォル号特別法（２０１４年8月10日）

「ブラック社会」をつくるアベノミクス（２０１４年11月9日）

日韓関係改善のゴールデンタイム（２０１５年1月4日）

「私は李鶴来だ」―忘れられたＢＣ級戦犯、李鶴来氏最後の闘い（２０１５年2月2日）

安倍の「オーダーメイド型右傾化」（２０１５年3月1日）

１Ｆ（福島第1原発）被曝労働者たちの絶叫（２０１５年3月29日）

象徴天皇制と平和主義（２０１５年4月26日）

4章

「日本と韓国の真の協力関係を考える」（堀芳枝編）『学生のためのピースノート2』コモンズ、２０１５年

＊なお、本書をまとめるにあたって、それぞれの文章に加筆したことをおことわりします。

あとがき

野党の分裂、圧倒的な保守メディアの世論戦、公権力を動員した巧妙な政治的弾圧による朴槿恵政権の選挙介入にもかかわらず、韓国市民は与えられた条件の中で次善の選択肢を選ぶことで、民主主義の危機を守った。この意味で、4・13選挙は、60年4・19学生革命、87年6・10民主化運動につぐ、2016年4・13有権者の政治革命であったといえる。

しかし、日本の大手メディアは、リベラルといわれている『東京新聞』や『朝日新聞』でさえも、韓国の総選挙の結果について、2015年12月に合意された日本軍慰安婦問題に関する日韓合意への影響に対する懸念を伝えているものの、韓国の市民たちが選挙で選んだ民主主義の本質に関しては、ほとんど報道していなかった。近来の日韓関係で起きている政治・社会問題は、それぞれ分離されている一国の問題でなく、相互に連携している。

去る7月10日に行われた日本の参議院選挙では、自民党を中心とした改憲勢力が、2／3の議席を確保し、改憲案発議ができる土台を確保した。18歳の若者に、初めて選挙権が与えられた選挙で、改憲勢力が2／3以上を確保したのは非常に残念だと思う。

しかし、拮抗した勝負となった東京都や、沖縄および福島をはじめとする政治問題が山積している地方の選挙結果を見ると、今回の選挙結果が日本国民の安倍内閣への支持や憲法改正への意志を表しているとは思わない。特に、東京都選管の抽出調査（7月15日）によると、東京都の18歳の投票率（選挙区）は60・53％と、全国平均51・17％を10ポイント近く上回った。男性は58・18％だったのに対し、女性は62・71％と、18歳女性の投票率の高さが際立った。

憲法改正や日本の国のあり方を問う、これからの国政選挙は非常に大事だ。大手メディアや保守政治家の言動に振り回されることなく、市民一人一人が真の選挙民主主義とは何かを考え、「戦略的な投票」を行うことが何より必要だ。若い人々の選挙参加や政治教育はとても重要になる。日本の若者の政治参加のために、この本がヒントになれば幸いである。

最後になりましたが、本書の編集にあたって、佐相洋子さん、土屋昌子さん、功刀恵那さんにお世話になりました。お礼を申し上げます。

2016年7月

李泳采

著者プロフィール
李　泳采（イ・ヨンチェ）
1971年、韓国生まれ。恵泉女学園大学教員。98年来日、専門は日韓・日朝関係。日韓の市民団体の交流のコーディネーター、韓国語、韓国映画や映像を通して現代を語る市民講座の講師を務める。「ヤスクニの闇に平和の灯を！東アジア4地域（日本・韓国・台湾・沖縄）キャンドル行動実行委員会」事務局、光州5.18財団発行の「アジアジャーナル」海外編集委員。

著書に『韓流がつたえる現代韓国』（梨の木舎　2010）、『アイリスでわかる朝鮮半島の危機』（朝日新聞社　2010）、『写真と絵で見る北朝鮮現代史』（監訳　コモンズ　2010）、『なるほど！これが韓国か---名言・流行語・造語で知る現代史』（朝日新聞社　2006）、『朴正熙—動員された近代化』（曺喜昖著, 李泳采監訳, 牧野波訳　彩流社　2013）、『犠牲の死を問う』（梨の木舎　2013）、共著『東アジアのフィールドを歩く——女子大学生がみた日・中・韓のすがお』（梨の木舎　2014）、『東アジアのフィールドを歩く２——女子大学生がみた日・中・韓の辺境地』（梨の木舎　2016）など。

シリーズ・平和をつくる❻
アングリーヤング ボーターズ　韓国 若者たちの戦略的選択

2016年8月10日　　初版発行
著　者：李　泳采（イ・ヨンチェ）
装　丁：宮部浩司
発行者：羽田ゆみ子
発行所：梨の木舎
〒101－0051
東京都千代田区神田神保町1－42
Tel. 03-3291-8229
fax. 03-3291-8090
e メール　nashinoki-sha@jca.apc.org
http://jca.apc.org/nashinoki-sha/
ＤＴＰ：具羅夢
印刷所：株式会社 厚徳社

東アジアのフィールドを歩く
女子大学生がみた日・中・韓のすがお

李泳采・恵泉女学園大学東アジアFSグループ 編著
A5判／ 126頁／定価1600円＋税

◉目次　1 わたしたちのフィールドスタディ——日・中・韓をめぐる12日間
2 それぞれのフィールド——見て、聞いて、考えた
3 これから——東アジアはわたしたちの未来だ

恵泉女学園大学の学生たちの12日間のフィールドワークの体験記録だ。国境を越え、歩き、たくさんの出会いがあった。実感し、感動した。さらに疑問が生まれ、考えて、書いて、この本が生まれました。「可愛い子には旅をさせろ」って、昔の人も言ってたよね。

978-4-8166-1402-6

東アジアのフィールドを歩く 2
女子大学生がみた日・中・韓の「辺境地」

李泳采・恵泉女学園大学東アジアFSグループ 編著
A5判／ 112頁／定価1600円＋税

◉目次　1 わたしたちのフィールドスタディ——日・中・韓の辺境地をめぐる11 日間／2 それぞれのフィールド——歩いて、出会って、考えた／3 明日へ——東アジアの辺境地はわたしたちの希望

緊張や葛藤がますます高まっている東アジア——、女子大学生10人が、自ら日中韓の辺境地を訪問し、歴史や文化を訪ねた。彼女たちは何を見て、何を食べ、誰と話し、どんな風に感じたか。

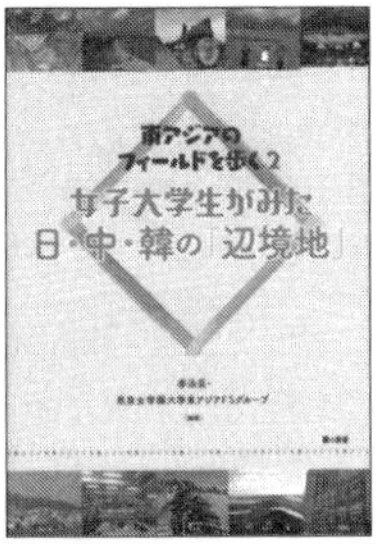

978-4-8166-1605-1

平和をつくる

⑤ 韓流がつたえる現代韓国
——『初恋』からノ・ムヒョンの死まで

イ・ヨンチェ 著
A5判／ 192頁／定価1700円＋税

韓流ドラマ・映画を入り口に韓流現代を学ぶ。韓流ドラマの中にはその時代の社会像とその時代を生きた個人の価値観や人間像がリアルに描かれている。植民地・分断・反共・民主化、そして格差をキーワードに織り込みながら、民主化世代の著者が語る。民主化の象徴であるノ・ムヒョン前大統領の死を韓国の国民はどううけとめたか。

978-4-8166-1001-1

教科書に書かれなかった戦争

㊶ 犠牲の死を問う——日本・韓国・インドネシア

高橋哲哉・李泳采・村井吉敬　コーディネーター・内海愛子
A5版／ 160頁／本体1600円＋税

◉目次　1 佐久で語りあう——「靖国と光州5・18基地は、構造として似ているところがあるについて●犠牲の死を称えるのか　高橋哲也●死の意味を付与されなければ残された人々は生きていけない　イ・ヨンチェ●国家というのはフィクションです　村井吉敬　2 東京で語りあう——追悼施設につきまとう政治性、棺桶を担いで歩く抵抗等々について。

「犠牲の死」、あなたは称えますか？　靖国問題から犠牲の論理を問い続けてきた高橋哲哉さん、民主化運動の犠牲の意味を考えてきた李泳采さん、インドネシアを歩いて、国家も追悼もフィクションだと実感している村井吉敬さん、3人が語る。

978-4-8166-1308-1